Stellenwechsel

D1728239

Trudy Dacorogna-Merki

Stellenwechsel

Ein Ratgeber aus der Beobachter-Praxis

Beobachter
RATGEBER

Die Autorin, Frau Trudy Dacorogna-Merki, ist
selbständige Personal- und Laufbahnberaterin in Zürich.

Das Lektorat besorgte Irmtraud Bräunlich Keller,
Beobachter-Redaktorin, die auch wesentliche Textergänzungen
beigesteuert hat.

Beobachter-Buchverlag 1986
6., überarbeitete Auflage 1994
© Jean Frey AG, Zürich
Alle Rechte vorbehalten

Herausgeber: Der Schweizerische Beobachter, Zürich
Gesamtredaktion: Käthi Zeugin, Zürich
Umschlag: Benker & Steiner, Zürich / Foto: Michael von Graffenried, Bern
Gestaltung: Peter Zeugin, Zürich

ISBN 3 85569 112 6

Inhalt

Vorwort

Zufriedenheit im Beruf ist ein höchst erstrebenswertes Ziel. Je besser man über sich selbst Bescheid weiss und je aktiver man seine Berufslaufbahn mitgestaltet, um so näher kommt man diesem Ziel. Während eines Berufslebens heisst es deshalb immer wieder: nachdenken, zurückschauen, sich nach vorne ausrichten. Ist nicht auch bei Ihnen die Zeit reif, wieder einmal Bilanz zu ziehen? Sind neue Zielsetzungen nötig?

Dieser Ratgeber ist aufgrund unzähliger Gespräche mit berufstätigen Menschen entstanden. Es ist mir als Personalberaterin immer wieder aufgefallen, wie schwierig das Planen der eigenen Berufslaufbahn ist und wie willkürlich viele Menschen ihren Arbeitgeber wechseln, ohne auf eine sinnvolle Gestaltung des eigenen Lebenslaufes zu achten. Dieses Buch vermittelt deshalb in erster Linie praktische Ratschläge.

Daneben soll es auch ein wenig zum Nachdenken anregen. Zufriedenheit im Leben hängt von Beruf *und* Privatleben ab. Noch immer herrscht die Meinung vor, wer Karriere machen wolle, müsse eben beim Privatleben Abstriche in Kauf nehmen. Zu viele Menschen sind deshalb bereit, alle Energie auf den Beruf zu konzentrieren und Familie, Sport, Hobby und Freizeitbeschäftigungen zu vernachlässigen.

Dies ist gefährlich. Wer den Beruf zum einzigen Lebensinhalt macht, hat entsprechend viel zu verlieren, wenn seine berufliche Situation nicht mehr stimmt. Zudem fehlt ihm neben seiner Arbeit die Möglichkeit zur physischen und psychischen Erholung, zum Auftanken neuer Energien. Der Mensch braucht langfristig eine ausgeglichene Lebensweise, wenn er seine volle Leistung erbringen will. Nur ausgeglichene und gesunde Menschen sind gute Führungskräfte und angenehme Arbeitskollegen. In diesem Sinn sollten Sie sich fragen, ob für Sie Glück und Zufriedenheit wirklich in einer steilen Karriere zu suchen sind. Finden Sie Erfüllung nicht vielmehr in einer Tätigkeit, die Sie befriedigt, und in einem Umfeld, das Platz für persönliche Bedürfnisse lässt?

Liebe Leserinnen: Meine Versuche, beim Schreiben nicht nur männliche Formulierungen zu verwenden, sind gescheitert. Das Buch wäre unlesbar geworden. Ich bitte Sie dafür um Verständnis.

Trudy Dacorogna-Merki

Karriere und Laufbahnplanung

Jeder berufstätige Mensch macht Karriere. Das heisst, er absolviert eine bestimmte Berufslaufbahn. Welche Gangart er dabei wählt und welche Ziele er anstreben will, entscheidet jeder selbst. Sie haben dieses Buch gekauft, weil Sie Ihre eigene berufliche Karriere nicht dem Zufall überlassen, sondern aktiv planen und in die Hand nehmen wollen. Die folgenden Ratschläge werden Ihnen dabei helfen.

Karriere wird im landläufigen Sinn verstanden als «Weg nach oben». Äussere Attribute wie Macht, hohes Salär, Prestige und Einfluss lassen höhere Führungspositionen als grundsätzlich erstrebenswert erscheinen. Allzu häufig wird für solche «Karrieren» jedoch ein hoher Preis bezahlt; eingeschränktes Privatleben, kaputte Ehen, gesundheitliche Störungen und schlaflose Nächte können die Folge sein. Denn nicht alle sind dazu geeignet, hohe Führungspositionen zu bekleiden.

In diesem Buch wird daher davon ausgegangen, dass eine gelungene Karriere nicht in die schwindelnden Höhen der Chefetagen grosser Konzerne zu führen braucht. Beruflich erfolgreich ist vielmehr derjenige Mensch, dem es gelingt, eine Laufbahn einzuschlagen, in der er seine spezifischen Fähigkeiten und Neigungen einsetzen und weiterentwickeln kann. Ob diese Laufbahn auf einem Direktorensessel oder in einer ausführenden Tätigkeit endet, ist nicht entscheidend. Wichtig ist vielmehr die Erfüllung und Befriedigung, die jemand bei seiner Arbeit findet.

Wer sich am richtigen Ort einsetzen kann, wird nicht nur eine optimale Leistung erbringen, sondern auch mit sich und seiner Umwelt in Harmonie und Einklang leben.

Jeder Mensch hat irgendwo seine besonderen Stärken, die es ihm ermöglichen, auf «seinem Gebiet» Hervorragendes zu leisten. Er muss sich nur die Zeit nehmen und sich die Mühe machen herauszufinden, wo diese Fähigkeiten liegen und was für Bedürfnisse und Ziele er hat. Diese «Selbsterkenntnis» ist das A und O jeder erfolgreichen und befriedigenden Berufslaufbahn.

Was heisst «Karriere»?

Nicht alle verstehen dasselbe darunter, wenn sie von «Karriere» oder von «Karriere machen» sprechen. In Sprachbüchern sind folgende Definitionen des Wortes «Karriere» zu finden:

Der Duden beschreibt Karriere als ursprünglich französisch und als «schnellste Gangart des Pferdes; (bedeutende, erfolgreiche) Laufbahn» und erwähnt fettgedruckt den Karrieremacher und den Karrieristen als «abwertend: rücksichtsloser Karrieremacher».

Im Fremdwörterbuch des Dudens steht zu lesen: Karriere (gallisch, lateinisch, provenzalisch, französisch); «Rennbahn, Laufbahn»; erstens die schnellste Gangart des Pferdes und zweitens (bedeutende, erfolgreiche) Laufbahn.

Der Dictionnaire de la langue française «Petit Robert» geht mehr ins Detail: Von dem altertümlichen Wagenrennen in der Arena über die figürliche Beschreibung «einem Pferd den Lauf lassen» kommt er zum literarischen «Weg oder Bahn, wo man sich engagiert» und zitiert aus der Marseillaise «nous entrerons dans la carrière» (was nach Valles heisst: «vorwärtskommen auf dem Weg des Lebens»). Und schliesslich unter viertens und «modern» schreibt er: «Beruf, Tätigkeit, Etappen, welche eine Entwicklung aufweist». «Karriere machen» wird beschrieben als «reüssieren im Beruf».

Der Oxford Dictionary of Current English schreibt unter career: «schneller, ungestümer Gang; Gang oder Fortschritt durch das Leben oder die Geschichte bzw. die Art, sich einen Lebensunterhalt zu machen und voranzukommen».

Sich selbst kennenlernen

Wir haben alle ein bestimmtes Bild von uns selbst, welches zum Teil realistisch, zum Teil von Wunschdenken geprägt ist. Nur wenige Leute setzen sich jedoch eingehend und systematisch mit ihrer Persönlichkeit und ihren Fähigkeiten auseinander. Wer aber nur ein vages Bild von sich selbst hat, wird kaum beurteilen können, welche Art von Beschäftigung er anstreben soll und ob seine Karriereziele überhaupt realistisch sind. Wissen Sie beispielsweise, wo Ihre besonderen Begabungen und Talente liegen? Ist Ihnen bewusst, wie Sie von Ihren gegenwärtigen Vorgesetzten eingestuft und beurteilt werden? Haben Sie sich einmal überlegt, welche Erfolge und Misserfolge Sie in den letzten Jahren zu verzeichnen hatten? Und haben Sie sich Rechenschaft darüber abgelegt, welche Ihrer Eigenschaften zu diesen positiven und negativen Erfahrungen beigetragen haben? Die folgende Übung soll Ihnen helfen, sich selbst «auf die Schliche» zu kommen. Wichtig ist, dass Sie sich genügend Zeit dafür nehmen und mit sich ehrlich sind. Sie machen diese Übung für sich und für niemanden sonst.

Stärken- und Schwächenprofil

Nehmen Sie Papier und Bleistift zur Hand und notieren Sie als Titel «Meine Stärken». Führen Sie nun spontan alles auf, was Ihnen in den Sinn kommt: Welche Art von Arbeit erledigen Sie einwandfrei, welche Fertigkeiten beherrschen Sie besonders gut, wie arbeiten Sie, wie verhalten Sie sich gegenüber Chefs, Mitarbeitern und Untergebenen, in welchen Bereichen sind Sie stärker als Ihre Kollegen? Erinnern Sie sich an frühere Stellen und vergangene Qualifikationsgespräche. Welche Eigenschaften hat man mehr als einmal an Ihnen gerühmt? Denken Sie auch an Ihre Kindheit, an Ihr Privatleben und Ihre Hobbys. In welchen Schulfächern brillierten Sie? Haben Sie sich als besonders begabter und praktischer Pfadfinder ausgezeichnet? Sind Sie in Ihrem Bekanntenkreis als erfolgreicher Organisator origineller Feste bekannt, oder sind Sie ein guter Zuhörer, dem die meisten Menschen bereitwillig und spontan ihr Herz ausschütten?

Denken Sie bewusst auch an Stärken, die Sie im Zusammenhang mit Ihrer jetzigen Tätigkeit für unwesentlich halten. Vielleicht liegt gerade da Ihr Problem, dass Sie nämlich Ihre besonderen Begabungen am gegenwärtigen Arbeitsplatz überhaupt nicht einsetzen können. Denken Sie auch an die wichtigsten Erfolge Ihres Lebens (privat und beruflich) und überlegen Sie sich, welche Ihrer Stärken Ihnen zu diesen positiven Erlebnissen verholfen haben. Was war überhaupt der grösste Erfolg in Ihrem Leben?

Wiederholen Sie nun dieses «Brainstorming»* auf einem zweiten Blatt mit dem Titel «Meine Schwächen». Notieren Sie wieder, ohne lange zu überlegen; diesmal Ihre Schattenseiten: zum Beispiel Wissenslücken, ungenügende Fremdsprachenkenntnisse, fehlende praktische Erfahrung auf einem bestimmten Gebiet oder die Unfähigkeit, mit Zahlen umzugehen. Denken Sie auch an charakterliche Eigenschaften wie überdurchschnittliche Ungeduld in bestimmten Situationen und gewissen Menschen gegenüber, Angst, auf unbekannte Leute zuzugehen oder sie anzurufen, fehlendes Verständnis für extrem anders gelagerte Meinungen usw. Vielleicht werden Sie bald erstaunt innehalten und feststellen, dass die Liste Ihrer Schwächen nicht so lang wird wie diejenige Ihrer Stärken. Dies ist bei den meisten Menschen der Fall; wir werden eben selten offen und ehrlich auf unsere Schwächen aufmerksam gemacht. Fragen Sie deshalb einmal Ihren Ehepartner, Ihre Freunde, Familienangehörigen oder Arbeitskollegen danach. Dadurch erfahren Sie, wie Sie auf andere wirken, wodurch Sie ihnen unbewusst auf die Nerven gehen, ihnen manchmal weh tun oder wodurch Sie auf andere einen vielleicht langweiligen Eindruck machen. Denken Sie ausserdem an Ihre Misserfolge oder an Situationen, in denen Sie sich besonders unbehaglich fühlten.

Ihre Chefs, Mitarbeiter und Arbeitskollegen können verschiedene Ihrer Charaktereigenschaften ähnlich empfinden wie Ihre nächsten Angehörigen.

---

* Brainstorming: zwangloses Bemühen, spontan Ideen und Argumente zu einem Thema zusammenzutragen. Der Wert der Vorschläge spielt keine Rolle.

Die eigenen Stärken richtig einsetzen

Wenn Sie Ihre positiven und negativen Eigenschaften einmal aufgelistet haben, überlegen Sie sich, welche darunter besonders ausgeprägt und wichtig sind. Unterstreichen Sie diese. Je nach Alter und Berufserfahrung ist es Ihnen nun bereits möglich, einen «roten Faden» in bezug auf Ihre Persönlichkeit herauszukristallisieren. Zweifellos sind es Ihre Stärken und Schwächen, die Sie zu dem gemacht haben, was Sie heute sind. Sie werden aber auch entscheidend für Ihre weitere berufliche Entwicklung sein. Behalten Sie vor allem die Liste Ihrer Stärken im Auge. Wenn Sie sich einmal auf Stellensuche begeben, erwähnen Sie im Bewerbungsschreiben Ihre wichtigsten Stärken. Sie erleichtern es dem Empfänger, sich ein Bild von Ihnen zu machen.

In Vorstellungsgesprächen oder auch beim telefonischen Erstkontakt geht es darum, dem Interviewer Ihre starke Seite zu «verkaufen». Möglichst objektiv und frei von falscher Scham streuen Sie im Verlauf des Gesprächs Ihre Vorzüge oder auch mal eine Unzulänglichkeit ein. Es ist Ihr Ziel, bei einer solchen Besprechung ein sehr persönliches Bild von Ihrer Person zu zeichnen. Gleichzeitig sollten Sie herauszufinden versuchen, ob die Erkenntnisse, die Sie über sich selbst gewonnen haben, in Einklang mit Ihrem zukünftigen Chef bzw. mit seinem Charakter zu bringen sind. Natürlich können Sie ihn nicht direkt auf seine Eigenarten ansprechen. Wenn Sie sich aber nach seinem Führungsstil erkundigen, erfahren Sie viel über seine Persönlichkeit und über die Strukturen in Ihrer möglichen neuen Arbeitgeberfirma. Dadurch können Sie besser beurteilen, ob dies das richtige Umfeld, die richtige Firma für Sie ist. Es genügt nicht, dass Ihnen die Arbeit gefällt, Sie müssen sich auch mit der Philosophie des Unternehmens identifizieren können.

Stärken, am richtigen Ort eingesetzt, machen Sie zu einem geschätzten und beliebten Mitarbeiter und zeigen Ihnen die Richtung auf, welche Sie in Zukunft einschlagen müssen. Schwächen, realistisch beurteilt, sollten weder Sie noch diejenigen, die Sie am Ende des Jahres qualifizieren müssen, unglücklich machen.

Jedermann hat Schwächen, jedermann verdrängt sie liebend gerne. Wenn Sie bewusst damit leben, sie wenn möglich auszumerzen versuchen, machen Sie sich selbst und Ihre Umwelt zufriedener.

Setzen Sie sich vernünftige und realisierbare Ziele

Wer seine berufliche Laufbahn planen möchte, muss sich zunächst Ziele setzen. Ihr Stärken- und Schwächenprofil sowie die gewonnene Erkenntnis über bisherige Erfolge und Misserfolge werden Ihnen dabei helfen. Natürlich ist es nicht jedermanns Sache, bereits mit dreissig endgültig festzulegen, wo er mit sechzig stehen will. Dies ist auch nicht unbedingt nötig. Es genügt, wenn Sie sich darüber klar werden, in welcher Richtung Sie Ihre berufliche Laufbahn vorantreiben wollen und welches das nächste Etappenziel sein wird.

Überlegen Sie sich beispielsweise, wie Ihre zukünftige ideale Tätigkeit aussehen sollte. Beschreiben Sie diese Aufgabe möglichst genau, indem Sie stets Ihre wichtigsten Stärken vor Augen haben. Am besten verfassen Sie schriftlich eine Stellenbeschreibung Ihres Traumjobs. Auch wenn es diesen vielleicht (noch) nicht gibt, werden Ihnen diese Überlegungen aufzeigen, in welcher Richtung Sie suchen und was Sie anstreben wollen. Es ist übrigens durchaus möglich, dass Sie anlässlich eines Vorstellungsgespräches danach gefragt werden, wie Ihre ideale Stelle aussehen müsste.

Wenn Sie sich Ziele setzen, denken Sie stets darüber nach, weshalb Sie diese erreichen wollen. Wie wichtig sind diese Ziele für Sie, warum sind Sie mit dem bisher Erreichten nicht zufrieden? Wissen Sie, welche Auswirkungen das Erreichen dieser Ziele auf Ihr eigenes Leben und dasjenige Ihres Partners haben wird? Welchen Stellenwert hat für Sie ein intaktes Familienleben, der intensive Kontakt zu Ihren Kindern und die Pflege Ihres Bekanntenkreises? Oder kommt für Sie Ihre Karriere kompromisslos an erster Stelle? Beziehen Sie Ihre Wünsche bezüglich Privatleben unbedingt in Ihre Karriereplanung mit ein, und suchen Sie einen Arbeitgeber, der auch in dieser Hinsicht Ihren Bedürfnissen entgegenkommt.

Bleiben Sie auf jeden Fall flexibel genug, um Ihre Zielsetzungen in einer Art rollenden Planung veränderten Situationen persönlicher, privater, beruflicher oder wirtschaftlicher Natur anpassen zu können. Suchen Sie immer wieder nach Wegen, sich durch vernünftige kurzfristige Zielsetzungen Erfolgserlebnisse zu verschaffen. Setzen Sie Ihre Ziele auf alle Fälle nie zu hoch an – Sie frustrieren sonst sich und Ihre Umwelt.

Qualitative Ziele können sehr wohl Vorrang vor quantitativen haben. Beispielsweise kann es für Sie wichtiger sein, eine vielseitige, auf Ihre Kenntnisse zugeschnittene Tätigkeit auszuüben, bei welcher vor allem auch das menschliche Umfeld stimmt. Titel oder ein wohlklingender Name des Arbeitgebers stehen nicht immer für Befriedigung am Arbeitsplatz.

Weiterbildung als Lebensaufgabe

Sie haben einen Beruf gelernt, ein Studium abgeschlossen oder erfolgreich eine Anlehre geschafft. Dies ermöglicht Ihnen – wenn Sie Glück haben – den Einstieg ins Erwerbsleben. Wenn Sie beruflich weiterkommen möchten und bei Ihrer Arbeit heute und in Zukunft auch die notwendige Genugtuung über eine gute Leistung finden wollen, gehört berufliche Weiterbildung (Fach-, Führungs-, Sprachkurse usw.) einfach dazu. In unserer schnellebigen Zeit mit ihrem enormen technischen Fortschritt wird auf der Strecke bleiben, wer nicht in der Lage ist, seine Kenntnisse und sein Wissen den sich ständig verändernden Anforderungen anzupassen. Jüngere oder besser ausgebildete Kollegen werden ihn bald überrunden.

Wer im Rennen um die wenigen offenen Stellen gewinnen will, muss sich in allen Berufen immer wieder auf den neuesten Stand bringen. Allerdings kommt Qualität vor Quantität. Eine endlose Liste besuchter Kurse kann Ihnen negativ ausgelegt werden, vor allem wenn Sie die Seminare jeweils während der Geschäftszeit bei vollem Gehalt absolviert haben.

Die Lösung heisst vielmehr *zielgerichtete Weiterbildung,* durch die Sie sich beruflich entwickeln können, die aber auf Ihre persönlichen Neigungen und Ihre Wissenslücken in dem Gebiet, in welchem Sie arbeiten oder arbeiten möchten, ausgerichtet ist. Fordern Sie von verschiedenen Schulen Unterlagen (für einen bestimmten Lehrgang oder den Gesamtprospekt) an. Besuchen Sie Lehrgänge, bei denen Sie mit Neuem konfrontiert werden, und solche, die Ihre Berufskenntnisse vertiefen und erneuern. Sie bleiben dabei auch geistig aktiv und trainieren Ihr Aufnahme- und Lernvermögen. Als Faustregel gilt, dass man in Intervallen von etwa zwei Jahren etwas in Sachen Weiterbildung tun sollte. Nach der Lehre zwölf Jahre beim gleichen Arbeitgeber zu bleiben und mit dreissig eine Kaderausbildung zu absolvieren, das gilt nicht als besonders strebsam.

Wie informieren Sie sich über Weiterbildungsmöglichkeiten?

Hinweise auf Seminare und Weiterbildungskurse finden Sie in erster Linie in der *Tages- und Fachpresse.* Achten Sie auf entsprechende Inserate. Informieren können Sie sich auch bei Ihrem Berufsverband, der entweder selbst in losen Abständen Veranstaltungen durchführt oder zumindest über Weiterbildungsmöglichkeiten Bescheid weiss. Eine Auswahl von Adressen bietet Ihnen der Anhang dieses Buches.

Grosse Firmen haben eigene *Weiterbildungs- und Mitarbeiterschulungsabteilungen,* welche Kurse organisieren oder über eine Dokumentation über Seminare und Veranstaltungen verfügen. In kleineren Firmen kann die *Personalabteilung* sicher weiterhelfen.

Fordern Sie zudem Kursprogramme privater Schulungsinstitute an, und erkundigen Sie sich auch bei den einzelnen *Universitäten* nach allgemein zugänglichen Vortragsreihen und Seminaren.

Wer bezahlt die Weiterbildung?

Von Ihrer Weiterbildung profitieren nicht nur Sie, sondern auch Ihr Arbeitgeber. Zukunftsorientierte Firmen investieren daher einen nicht unwesentlichen Betrag in die Entwicklung ihres wichtigsten Kapitals – des Personals. Aufgeschlossene und klug geführte Unternehmen bieten entweder interne Kurse an, leisten finanzielle Beiträge oder gewähren mindestens die notwendige Arbeitszeit, damit die Angestellten Seminare besuchen können.

Wenn Sie das Unglück haben, in einem konservativen Unternehmen zu arbeiten, welches keine Weiterbildungskosten übernimmt, suchen Sie eben selber nach externen Seminaren, Kursen und Lehrgängen. Besuchen Sie die Klassen samstags bzw. abends oder absolvieren Sie einen Fernkurs. Wenn Sie Ihre Weiterbildung selbst bezahlen, sind Sie unabhängiger und können den Arbeitgeber wechseln, wann es Ihnen passt. Denn viele Firmen, welche Weiterbildungskosten übernehmen, binden ihre Mitarbeiter anschliessend einige Jahre vertraglich oder verlangen eine Prorata-Rückzahlung der Ausbildungskosten bei vorzeitigem Austritt aus dem Unternehmen.

Zeitlichen Aufwand und Kosten dürfen Sie nicht scheuen, wenn Sie an die Planung Ihrer Weiterbildung gehen. Sie tun dies für sich, Ihre persönliche Entwicklung und die Sicherung Ihrer beruflichen Zukunft.

Stellenanzeige mit Angebot zur internen Weiterbildung

Umschulung

Wenn Sie in Ihrem erlernten Beruf nicht jene Befriedigung finden, die Sie sich erhofft haben, bleibt die Möglichkeit einer Umschulung. In diesem Fall sollten Sie sich allerdings beraten lassen. Über konkrete Wege, die zu einem zweiten Berufsabschluss führen, informieren Sie die lokalen öffentlichen Berufsberatungen oder die Berufsschulen gratis.

Stellenanzeige mit Weiterbildungsangebot

Verlangen Sie dort Unterlagen und erkundigen Sie sich nach dem Höchstalter, bis zu dem man zu einer Ausbildung zugelassen wird. Manchmal liegt die Limite bei 35 bis 40 Jahren. Ein späterer Einstieg ist aber mit eisernem Willen und Hartnäckigkeit absolut möglich. Wenn Sie zum Beispiel eine versäumte Matura nachholen wollen, bieten Ihnen zahlreiche Privatschulen dazu Gelegenheit. Auch Lehrabschlüsse können im fortgeschrittenen Alter noch erlangt werden (siehe Seite 123 sowie im Anhang die Hinweise zur Weiterbildung).

Seit vielen Jahren offerieren Grossunternehmen *interne Ausbildungen* im Bereich Informatik, Technik oder Administration. Wenn Sie einen solchen Weg wählen, um zu einem anderen Beruf zu kommen, sind Sie zwar weniger unabhängig, finanziell jedoch abgesichert. Sie erhalten von Anfang an ein angemessenes Salär und geniessen sämtliche Sozialleistungen des Unternehmens wie Unfallversicherung, Lohnfortzahlung bei Arbeitsausfall wegen Krankheit oder Unfall, Arbeitslosenversicherung, Pensionskasse usw. Achten Sie auf entsprechende Inserate in den Stellenanzeigern.

Professionelle Laufbahnberatung

Wenn Sie Veränderungen in Ihrem Berufsleben anstreben, welche reiflich überlegt sein wollen, lohnt es sich, fremde Hilfe in Anspruch zu nehmen.

Die *öffentlichen Berufsberatungen* bieten neben der Berufsabklärung für Jugendliche immer mehr auch Erwachsenen Hilfe bei Umschulungs- oder Weiterbildungsfragen an. Diese völlig kostenlose Beratung erstreckt sich je nach Wunsch des Ratsuchenden auf eine oder beliebig viele Sitzungen und kann neben intensiven Gesprächen auch Intelligenz-, Fähigkeits- oder Persönlichkeitstests beinhalten. Allen grösseren Berufsberatungsstellen ist zusätzlich ein *Berufsinformationszentrum* (kurz BIZ) angegliedert, welches mit einer Fülle von Dokumentationsmaterial ausgestattet ist. Hier finden Ratsuchende Berufsbilder, Weiterbildungsmöglichkeiten, Diplom-Lehrgänge sowie Bücher und Broschüren zu diesen Themen. In diesen den ganzen Tag geöffneten Berufsinformationszentren kann man sich ungestört aufhalten, in den aufgelegten Dokumentationen lesen sowie spezifische Fragen stellen.

Auch die *Institute für Angewandte Psychologie* in Zürich, Bern und Basel oder *freischaffende Berufsberater und Psychologen* bieten Berufs- und Laufbahnberatungen an. Diese Eignungsabklärungen sind intensiv, dauern in der Regel einen ganzen Tag und umfassen nebst einem ausführlichen Gespräch (bei Jugendlichen zusammen mit den Eltern) auch Tests und Schriftenanalysen. Der Preis für eine solche Beratung liegt bei ca. 500 bis 1500 Franken, wobei Aufwand und Methodik recht unterschiedlich sind. Die Klienten erhalten in der Regel schriftliche Testergebnisse oder eine Zusammenfassung der Resultate mit Schlussfolgerung

Stellenanzeige mit Ausbildungsangebot

sowie eine Vielzahl von aktuellen, hilfreichen Informationen über Ausbildungsorte, Zukunftsmöglichkeiten, Ausbildungskosten usw. Je nach Engagement des jeweiligen Spezialisten vermittelt dieser selbst Ausbildungsstätten oder den Kontakt zu wichtigen Schlüsselpersonen auf dem besprochenen Gebiet.

Eine weniger psychologische, aber stark auf die Praxis ausgerichtete Beratung bieten einzelne *Personalberatungen* an. Sie leisten aktive Hilfe beim Gestalten von Lebensläufen, beim Vorgehen bei der Stellensuche, bei Weiterbildungsfragen und bei individuellen Berufsproblemen. Es wird meistens ohne Tests gearbeitet, man konzentriert sich auf intensive Gespräche und das Weitergeben von Informationen und Adressen sowie allenfalls das Knüpfen von Kontakten.

Stellenwechsel?

Sind Sie mit Ihrer beruflichen Situation nicht zufrieden? Gehen Sie am Morgen lustlos zur Arbeit? Dann ist es Zeit, eine Veränderung herbeizuführen, wenn nötig die Stelle zu wechseln. Verschaffen Sie sich als erstes Klarheit darüber, was Sie an Ihrer Stelle stört, was für Alternativen Sie in Ihrer jetzigen Firma haben und was Sie mit einem Stellenwechsel verbessern möchten.

Unzufriedenheit im Beruf kann verschiedene Ursachen haben; manchmal ist das Unbehagen auch kaum konkret fassbar. Versuchen Sie, die Gründe für Ihre Unzufriedenheit zu analysieren. Sie tun damit einen ersten Schritt zur Verbesserung Ihrer beruflichen Situation.

- Ihre Arbeit ist uninteressant und zur Routine geworden. Sie können Ihre Fähigkeiten nicht voll einsetzen und nichts mehr dazulernen.

- Innerhalb der Firmenstruktur gibt es keine weiteren Aufstiegschancen für Sie.

- Sie können sich mit der Geschäftsphilosophie und -politik nicht (mehr) identifizieren.

- Das Arbeitsklima lässt zu wünschen übrig.

23

- Sie fühlen sich durch die Arbeit überfordert, müssen ständig Überstunden leisten, so dass Ihr Privatleben leidet. Sie wünschen sich eine weniger hektische Tätigkeit.

- Die Arbeit ist zwar interessant, wird aber schlecht bezahlt.

- Sie sind noch jung und haben mehrere Jahre am gleichen Arbeitsplatz verbracht. Es ist Zeit, dass Sie etwas Neues kennenlernen.

- Sie haben einen Vorgesetzten, mit dem Sie einfach nicht harmonieren.

- Die wirtschaftliche Situation Ihrer Firma ist schlecht, Umstrukturierungen und allenfalls Entlassungen sind nicht ausgeschlossen.

Nehmen Sie Ihre Unzufriedenheit ernst und tun Sie etwas dagegen. Erwarten Sie nicht, dass sich die Situation von selbst verbessert. Je länger Sie Ihr Unbehagen untätig mit sich herumtragen, um so grösser wird die Gefahr, dass Sie schliesslich eine Kurzschlusshandlung begehen.

Sie sollten jedoch vermeiden, alle ein bis zwei Jahre Ihren Arbeitgeber zu wechseln. Dies würde bei einer zukünftigen Stellensuche negativ gewertet. Sie würden dadurch den Eindruck erwecken, dass Sie den Problemen lieber aus dem Weg gehen, als gemeinsam mit Kollegen und Vorgesetzten nach Lösungen zu suchen. Zudem werden Mitarbeiter mit Durchhaltewillen sehr geschätzt. (Eine Ausnahme bildet das Akzeptieren von kurzen, auch unbefriedigenden Einsätzen, um der Arbeitslosigkeit zu entgehen.) Wenn Sie hingegen mit Ihrem Vorgesetzten, dem nächsthöheren Vorgesetzten oder dem Personalchef Gespräche über Ihre Zukunft geführt haben und diese nichts fruchten, ist der Zeitpunkt für einen Stellenwechsel gekommen. Dies vor allem dann, wenn Sie noch jung sind und Erfahrungen sammeln wollen. Bei 20- bis 35jährigen werden Stellenwechsel in Abständen von etwa drei bis fünf Jahren grundsätzlich positiv beurteilt.

Vor allem, wenn Sie Grund haben zur Annahme, dass Ihre Firma in gravierende wirtschaftliche Schwierigkeiten geraten ist, müssen Sie aktiv werden. Schauen Sie sich auf dem Arbeitsmarkt um (siehe Kapitel «Welchen ‹Wert› habe ich auf dem Arbeitsmarkt», Seite 29). Die Chancen, in einer krisengeschüttelten Firma vorwärtszukommen, sind ohnehin schlecht, und wenn es zu Entlassungen kommen sollte, haben Sie bereits Vorarbeit geleistet.

Warum bin ich unzufrieden?

Bevor Sie eine Veränderung anstreben, müssen Sie sich Rechenschaft darüber ablegen, wo in Ihrem Fall der Schuh drückt. Welches sind die Gründe für Ihr latentes Unbehagen? Machen Sie eine Bestandesaufnahme Ihrer jetzigen Situation und überlegen Sie sich – am besten mit Hilfe von Papier und Bleistift –, welche Vorteile und welche Nachteile Ihre jetzige Stelle aufweist und welche Erfolge und Misserfolge Sie bisher erzielt haben.

Auf der folgenden Seite finden Sie eine Liste von 16 Kriterien, die für die Beurteilung einer Stelle wesentlich, jedoch für jeden Menschen unterschiedlich wichtig sind. Gewichten Sie zuerst die einzelnen Faktoren, indem Sie eine Skala von 10 bis 1 anwenden: 10 = sehr wichtig, 1 = überhaupt nicht wichtig. Analysieren Sie dann Ihre heutige Stelle und bewerten Sie die Kriterien mit Punkten von 10 (voll erfüllt) bis 1 (überhaupt nicht erfüllt). Indem Sie Faktor und Anzahl Punkte multiplizieren, erhalten Sie Ihre Bewertungssumme pro Kriterium. Zusammengezählt ergibt sich eine Gesamtsumme.

Machen Sie sich diese Arbeit nicht zu leicht! Je genauer Sie über Ihre Bedürfnisse Bescheid wissen, desto eher finden Sie die Stelle, an die Sie wirklich passen. Bewahren Sie Ihr Schema auf und ziehen Sie es jedesmal zu Rat, wenn Sie vor der Entscheidung stehen, ob Sie eine neue Stelle annehmen wollen. Vergleichen Sie den möglichen neuen mit Ihrem jetzigen Arbeitgeber.

Entscheidungsanalyse	Gewichtungs-faktor	Heutiger Arbeitgeber	Firma A	Firma B
Interessante Arbeit	x	=	=	=
Weiterbildungsmöglichkeiten	x	=	=	=
Selbständigkeit	x	=	=	=
Arbeitsklima	x	=	=	=
Aufstiegsmöglichkeiten	x	=	=	=
Persönlichkeit des Chefs, Führungsstil	x	=	=	=
Geschäftspolitik, Firmenphilosophie	x	=	=	=
Firmengrösse, Image der Firma	x	=	=	=
Attraktivität des Arbeitsplatzes (räumliche Gestaltung, Einzelbüro, Bürokollegen usw.)	x	=	=	=
Arbeitsweg, Parkplatz, Verkehrsmittel	x	=	=	=
Salär, Sozialleistungen	x	=	=	=
Besondere Leistungen (Rabatte, Mitarbeiteraktien, Freizeitangebote usw.)	x	=	=	=
Spesenregelung	x	=	=	=
Sicherheit des Arbeitsplatzes	x	=	=	=
Personalrestaurant	x	=	=	=
Arbeitszeit	x	=	=	=
Total				

Schema für Stellenbeurteilung

Entwicklungsmöglichkeiten in der «alten» Firma

Klären Sie nun sorgfältig ab, ob Sie Ihre beruflichen Wünsche innerhalb der jetzigen Firma realisieren können – dies natürlich nur, wenn Sie sich mit diesem Arbeitgeber in bezug auf Geschäftsphilosophie und -politik identifizieren können. Suchen Sie das Gespräch mit Ihrem direkten Vorgesetzten oder dem Personalchef. Gehen Sie nicht davon aus, dass Ihr Vorgesetzter merken müsse, dass Sie zu mehr fähig und willig sind. Äussern Sie Ihre Probleme und Bedürfnisse!

Auch jährliche Qualifikationsgespräche, Anmeldungen zu Führungs- und Weiterbildungskursen und das freiwillige Mitmachen in Projektteams und Kommissionen sind gute Gelegenheiten, um auf Ihren «Hunger» aufmerksam zu machen.

Diskutieren Sie «inoffiziell» anlässlich eines Mittagessens oder zum Beispiel einer gemeinsamen Autofahrt mit höheren Vorgesetzten andere Einsatzmöglichkeiten. Auf diese Weise erfahren Sie nicht nur, was die Firma mit Ihnen vorhat, sondern auch, ob interessante Projekte «in der Schublade» liegen, die dem Personal noch nicht mitgeteilt wurden. Denn die personelle Struktur eines Unternehmens ist genau wie die organisatorische immer in Bewegung und Entwicklung.

Informieren Sie sich über offene Positionen, von denen Sie durch interne Stellenanzeiger oder eventuell durch ein Inserat in der Tageszeitung erfahren haben. Wenn man Sie nicht offiziell über diese Vakanzen informiert hat, ist das noch lange kein Grund, voller Enttäuschung und verletztem Stolz sofort extern auf Stellensuche zu gehen. Jede Unternehmensleitung will zielbewusste und durchsetzungsfähige Mitarbeiter, die nicht auf fertige Lösungen warten. Gefragt ist Eigeninitiative. Zudem: Woher sollen Ihre Vorgesetzten über Ihre Ziele und Wünsche Bescheid wissen, wenn Sie selbst nichts davon verlauten lassen?

Nicht immer lassen sich Ihre Veränderungswünsche zeitlich mit den Möglichkeiten der Firma abstimmen. Wenn Sie sich mit der Firmenpolitik identifizieren können und bei Ihrem heutigen Arbeitgeber bleiben wollen, lohnt sich etwas Geduld. Passen Sie aber auf, dass man Sie nicht nur auf später vertröstet, um Sie im Moment nicht zu verlieren. Vergewissern Sie sich, dass Ihre Vorgesetzten wirklich daran sind, Ihren nächsten Karriereschritt vorzubereiten.

In vielen Fällen wird es allerdings nicht möglich sein, innerhalb der alten Firma die neuen Berufswünsche zu verwirklichen. Ihr Arbeitgeber will oder kann Ihnen keine Ihren Wünschen und Vorstellungen entsprechende Position offerieren. Lassen Sie sich dadurch nicht entmutigen. Klären Sie Ihre Möglichkeiten auf dem Arbeitsmarkt ab und suchen Sie Ihren Weg bei anderen Unternehmen. Das nächste Kapitel zeigt Ihnen, wie Sie am besten vorgehen.

Ressentiments gegenüber Ihrem «uneinsichtigen» Vorgesetzten bringen Sie nicht weiter. Sie kennen nicht alle Gründe für seinen Entscheid – und Sie werden zumindest vorläufig weiter unter ihm arbeiten. Ausserdem wird er später Ihr Arbeitszeugnis verfassen und möglichen neuen Arbeitgebern Referenzauskünfte über Sie erteilen. Scheiden Sie daher wenn immer möglich in gutem Einvernehmen aus Ihrer alten Firma.

Welchen «Wert» habe ich auf dem Arbeitsmarkt?

Bevor Sie mit der gezielten Stellensuche beginnen, sollten Sie sich einen Überblick über den Arbeitsmarkt verschaffen. Welche Stellen sind verfügbar, und wie stehen Ihre Chancen, den Traumjob zu bekommen? Stellenanzeiger und Wirtschaftspresse sind geeignete «Barometer»; Personalberater unterstützen Sie bei Ihrer «Marktforschung».

Der Arbeitsmarkt hat sich seit Ihrer letzten Stellensuche verändert. Aber auch Sie haben Ihre Persönlichkeit, Ihre Ansprüche, Ihre Kenntnisse weiterentwickelt. Sie sind deshalb nicht mehr der gleiche Verhandlungspartner wie anno dazumal.

Studieren Sie die Stellenanzeiger verschiedener Tageszeitungen und Fachzeitschriften. Dabei sollten Sie sich nicht von Anfang an auf ein allzu kleines geografisches Gebiet beschränken. Um einen Überblick über die Situation in Ihrem Beruf zu bekommen, müssen Sie die ganze Schweiz miteinbeziehen. Suchen Sie Antwort auf folgende Fragen:

● Wie viele Inserate gibt es, die mich betreffen könnten?

● Erfülle ich die gestellten Anforderungen, oder fehlen mir bestimmte Fähigkeiten?

● Wo befinden sich die Firmen, die für mich in Frage kommen, an meinem Wohnort, in einem anderen Teil der Schweiz?

● Was für Firmen suchen Leute mit meinen Fähigkeiten? Bekannte Grossunternehmen, Konkurrenzfirmen zum heutigen Arbeitgeber, neue, unbekannte Firmen?

● Welche Gründe nennen diese Firmen für ihre Vakanzen (Vergrösserung des Teams, Ersatz des bisherigen Stelleninhabers, Geschäftseröffnung, Umzug der Firma usw.)?

● Erscheinen dieselben Inserate immer wieder, das heisst häufiger als zwei- bis dreimal in der gleichen Zeitung? Wenn ja, dann hat diese Firma offenbar Mühe, neue Mitarbeiter zu rekrutieren. Versuchen Sie herauszufinden, warum das so ist.

● Gibt es Firmen, die konstant inserieren und die verschiedensten Mitarbeiter suchen? Dann handelt es sich vielleicht um ein aufstrebendes Unternehmen, welches stark expandiert, oder aber das Arbeitsklima ist so unerträglich, dass viele Angestellte nach kurzer Zeit wieder abspringen. Auch hier lohnt es sich, nähere Informationen einzuholen.

● Welches sind die Wachstumsbranchen, und welche Art Mitarbeiter wird von Firmen in diesen Branchen gesucht? Liegt in einem dieser Bereiche meine mögliche Neuorientierung?

Wirtschaftspresse und Geschäftsberichte als Informationsquellen

Wenn Sie diese Analyse gewissenhaft durchführen, kommen Sie auf eine ganze Liste von Firmen, welche für Sie als mögliche Arbeitgeber in Frage kommen. Beschaffen Sie sich nun nähere Informationen über diese Unternehmen. Zu diesem Zweck lesen Sie am besten aufmerksam und gezielt den Wirtschaftsteil Ihrer Tageszeitung. Darin erfahren Sie viel über die wirtschaftliche Entwicklung der für Sie relevanten Betriebe, ihren Geschäftsgang, die Entwicklung der Aktienkurse, Wechsel im Management, Führungsstil und Unternehmensphilosophie.

Bei den interessantesten Firmen können Sie Geschäftsberichte und Prospekte über Produkte oder Dienstleistungen anfordern. In solchen Unterlagen finden Sie weitere wichtige Detailinformationen. Versuchen

Sie ausserdem, mit ehemaligen und jetzigen Mitarbeitern dieser Firmen ins Gespräch zu kommen oder Auskünfte von Lieferanten oder Kunden usw. zu erhalten.

Diese Informationen helfen Ihnen zu entscheiden, bei welchen Firmen Sie sich allenfalls bewerben wollen. Sie geben Ihnen wichtige Hinweise für vertieftere Fragen, welche Sie Ihrem Gesprächspartner bei einem allfälligen Interview stellen müssen. Ausserdem macht es jedem Personalchef einen guten Eindruck, wenn Sie ihm vorbereitet und gut informiert gegenübertreten.

Wachstumsbranchen bieten mehr Chancen

Es gibt Wirtschaftszweige, die einem intensiveren Wachstum unterliegen als andere. Branchen, die dank Forschung und Entwicklung erst am Entstehen sind und damit neue Perspektiven eröffnen.

In der heutigen Zeit sind High-Technology, Ökologie sowie Informatik im Wachstum begriffen. Hier entstehen neue Bedürfnisse, neue Märkte und neue Berufe. Die Nachfrage nach qualifizierten Arbeitskräften ist gross, denn es gibt zu Beginn des «Booms» zu wenig ausgebildete Berufsleute.

Vor allem wenn Sie am Anfang Ihrer beruflichen Laufbahn stehen oder einen Berufswechsel ins Auge fassen, sollten Sie diesen Branchen besondere Aufmerksamkeit schenken. Bei öffentlichen Berufsberatungen zum Beispiel kann man kostenlos Berufsbilder bestellen oder einsehen. Diese vermitteln einen detaillierten Beschrieb eines spezifischen Berufes: Welche Schulbildung wird verlangt, wo kann man diesen Beruf erlernen, welche Weiterbildungsmöglichkeiten gibt es nach Abschluss, wo und wie kann man den Beruf praktisch ausüben usw.? Für akademische Berufe sind solche Beschriebe bei den akademischen Berufsberatungen der Universitätsstädte sowie an den Universitäten selbst gratis erhältlich. Privatschulen geben ebenfalls gratis Prospekte über ihre Lehrgänge ab. In diesen neuen Berufen ist die Chance, eine gesicherte und interessante Zukunft vor sich zu haben, meist grösser als in herkömmlichen Berufszweigen.

Als «Wachstumsbranche» ist übrigens auch jede Art des Verkaufs und der Kundenakquisition zu bezeichnen. Lange konnte die Schweizer Wirtschaft auf einen Anbietermarkt zählen, das heisst, Hersteller oder Anbieter einer Ware hatten das Sagen und entschieden über Preise, Lieferfristen und Qualität. In den letzten zwanzig Jahren hat sich jedoch die Konkurrenzsituation vor allem aufgrund ausländischer Anbieter verschärft. Es bestimmt immer mehr der Kunde, ob, wo und wann er ein Produkt kauft, und hat damit einen wachsenden Einfluss auf die Produzenten. Für die Unternehmen bedeutet dies, dass sie aktivere Verkaufsabteilungen benötigen, um Kunden zu gewinnen sowie ihre Märkte zu erweitern und neue zu erschliessen.

Wie teste ich meinen Marktwert?

Mit Hilfe der letzten Abschnitte haben Sie herausgefunden, welche Firmen für Sie von Interesse sind. Sie sind sich auch im klaren darüber, was Sie als Arbeitnehmer anzubieten haben. Ihre Chancen, die gewünschte Stelle zu bekommen, hängen jedoch noch von weiteren Voraussetzungen ab. Folgende Fragen stehen dabei im Vordergrund:

● Ist der Zeitpunkt für einen Stellenwechsel günstig (Jahreszeit, wirtschaftliche Lage usw.)?

● Brauche ich zusätzliche Weiterbildung, um eine attraktive Stelle zu bekommen?

● Ist die Nachfrage nach Stellen, wie ich sie suche, gross?

● Habe ich etwas zu bieten, was mich von andern Bewerbern abhebt, oder laufe ich in «der grossen Masse» mit?

● Kann ich mich im Vergleich zu meiner jetzigen Stelle wesentlich verbessern, oder muss ich Kompromisse machen?

● Wieviel Salär kann und soll ich verlangen?

Diese Fragen besprechen Sie am besten entweder mit einem verständnisvollen und auf Ihre Berufslaufbahn bedachten Vorgesetzten oder mit einem qualifizierten Personalberater. Vielleicht haben Sie kompetente Verwandte oder Freunde, die sich in Personal- und Berufsfragen auf Ihrem Gebiet auskennen. Dann diskutieren Sie mit diesen über Ihre Absichten. Ein diskreter Weg, seine Möglichkeiten auf dem Arbeitsmarkt abzuklären, ist das eigene Chiffreinserat (siehe Seite 51). Scheuen Sie sich auch nicht, die eine oder andere für Sie interessante Firma anzurufen oder anzuschreiben und um eine unverbindliche Unterredung zu bitten (siehe auch Kapitel «Die unaufgeforderte Bewerbung», Seite 85).

Solche Gespräche helfen Ihnen, Schwellenängste zu überwinden, Ihr Auftreten zu üben und wichtige Erfahrungen im Umgang mit Personalverantwortlichen und Führungskräften zu sammeln. Ausserdem werden Ihre schwachen Punkte und Ihre Vorzüge noch deutlicher zutage treten. Gestärkt durch diese neuen Erkenntnisse können Sie nun – bevor Sie sich endgültig zu einem Stellenwechsel entscheiden – nochmals mit Ihrem jetzigen Vorgesetzten über Ihre berufliche Zukunft diskutieren. Vielleicht wissen Sie jetzt aber auch, weshalb Ihr Arbeitgeber Ihrem Wunsch nach Beförderung nicht nachgekommen ist und wie Ihre Chancen bei anderen Firmen aussehen. Der endgültige Entscheid zum Stellenwechsel kann nun fallen.

Ist die Zeit zum Stellenwechsel noch nicht reif?

Es ist möglich, dass diese Vorabklärungen Sie enttäuscht und entmutigt haben, weil die angesprochenen Firmen kaum Interesse an Ihnen zeigten. Dann müssen Sie Ihre eigene Person, Ihre Vorstellungen und Wünsche kritisch analysieren. Schätzen Sie Ihre Fähigkeiten realistisch ein? Haben Sie zu viele Illusionen, oder sehen Sie Ihre gegenwärtige Stelle zu negativ?

Auch wenn Sie sich entschliessen, vorläufig auf dem jetzigen Posten zu bleiben, kann Sie das Abklären des eigenen Marktwertes zu einer Vielzahl von möglichen Schlussfolgerungen und wichtigen Hinweisen für Ihre weitere berufliche Laufbahn führen:

- Sie haben eine – trotz allem – gute Stelle und sind sich dessen erst jetzt bewusst geworden.

- Ihre momentane Tätigkeit ist zwar die richtige für Sie, nur stimmen die menschlichen Umweltbedingungen nicht; diese wollen Sie nun mit allen Mitteln zu beeinflussen und zu verbessern suchen.

- Der Zeitpunkt zum Wechsel ist für Sie noch nicht reif, da Sie zuerst eine unumgängliche berufsspezifische Weiterbildung, einen Sprachkurs oder eine Führungsschule absolvieren müssen.

- Die Arbeitsmarktlage in Ihrem Beruf ist zurzeit generell ungünstig. Versuchen Sie mit Hilfe eines Berufs- oder Personalberaters herauszufinden, ob sich eine Umschulung lohnen würde oder welche Möglichkeit es gibt, sich innerhalb der Masse der Mitbewerber zu profilieren.

Auf jeden Fall haben Sie keinen Grund zur Resignation: Ziehen Sie die Konsequenzen aus Ihren Erkenntnissen und handeln Sie, so werden Sie in Ihrem Beruf weiterkommen!

Stellensuche: Welche Möglichkeiten gibt es?

Ihr Entschluss, die Stelle zu wechseln, ist gefallen. Legen Sie sich nun Ihre persönliche Strategie zurecht. Suchen Sie auf allen Kanälen gleichzeitig, wenn Sie innerhalb weniger Monate eine neue Stelle brauchen. Rechnen Sie damit, dass die Stellensuche Sie viel Zeit und Energie kosten kann.

Das Beantworten von Zeitungsinseraten ist die verbreitetste Möglichkeit, eine neue Stelle zu finden. Es ist jedoch längst nicht der einzige Weg und auch nicht immer der erfolgversprechendste. Oft lohnt es sich, ein eigenes (Chiffre-)Inserat aufzugeben, ein paar ausgewählte Personalberatungen in Anspruch zu nehmen oder einige interessante Firmen unaufgefordert anzuschreiben. Über die verschiedenen Möglichkeiten der Jobsuche informieren Sie die folgenden Kapitel im Detail.

Mit einem müssen Sie rechnen: Ihre neue Stelle werden Sie nicht von heute auf morgen finden. Stelleninserate zum Beispiel werden von den suchenden Firmen in der Regel gestaffelt über ein bis drei Wochen publiziert. Bis alle Bewerbungen eingegangen, die Unterlagen gelesen und die Bewerber der engsten Wahl eingeladen sind, vergehen meist Wochen. Und auch für die Interviews mit den Bewerbern, für allfällige Zweit- und Drittgespräche und für die Entscheidungsfindung nehmen sich die suchenden Firmen heute oft viel Zeit.

Wenn Sie also darauf angewiesen sind, möglichst bald eine neue Stelle zu finden, müssen Sie alle der oben erwähnten Kanäle benützen. Beschränken Sie sich nicht auf das Beantworten von einigen wenigen Stelleninseraten, inserieren Sie selbst oder schreiben Sie interessante Firmen unaufgefordert an. In jedem Fall sollten Sie mehr als eine Firma in Betracht ziehen. Sie brauchen Vergleichsmöglichkeiten, um wirklich *die* Stelle zu finden. Wie viele Bewerbungen Sie dazu benötigen, hängt sehr von Ihrer persönlichen Situation ab. Wenn Sie einer im Überfluss vorhandenen Berufskategorie angehören, noch keine Berufserfahrung aufweisen können, nicht mehr ganz jung sind oder ausnehmend hohe Anforderungen an Ihre neue Stelle stellen, brauchen Sie möglicherweise eine ganze Anzahl von Bewerbungen.

Höfliches Nachfassen schadet nie

Während der ganzen Stellensuche werden Sie immer wieder warten müssen: warten, dass man Sie aufgrund Ihrer Bewerbung zum Vorstellungsgespräch auffordert; warten, dass man Ihnen nach einem Gespräch Bescheid gibt.

Niemand nimmt Ihnen übel, wenn Sie sich in diesen Wartezeiten aktiv um Ihre Bewerbung bemühen. Rufen Sie die betreffende Firma an und erkundigen Sie sich höflich, ob man Ihre Unterlagen erhalten habe und ob man an Ihrer Bewerbung interessiert sei. In den seltensten Fällen wird ein Personalverantwortlicher auf einen solchen Anruf ungehalten reagieren. Viel eher machen Sie sich durch höfliches Nachfassen positiv bemerkbar: Sie stechen aus der Masse der Bewerber hervor und zeigen, dass es Ihnen mit Ihrer Bewerbung ernst ist.

Auch wenn Sie bereits ein Interview mit einer Firma geführt haben, kann Nachfassen nützlich sein. Denken Sie nicht, man sei eben nicht interessiert an Ihnen, bloss weil Sie zum versprochenen Zeitpunkt keinen Bescheid erhalten haben. Wahrscheinlicher ist, dass die Verantwortlichen aus Zeitnot nicht dazugekommen sind, Sie zu informieren.

Wenn eine Stelle Sie sehr lockt, dann dürfen Sie auch ausserhalb des vereinbarten Vorgehens spontan reagieren. Schreiben Sie einen kurzen Brief und teilen Sie Ihre Begeisterung mit. Zeigen Sie auch Ihre Bereitschaft zu einem weiteren Gespräch.

Mit Ihrem Nachfassen erleichtern Sie Ihrem Gesprächspartner in der Firma seinen Entscheid, denn Sie sagen ihm, woran er mit Ihnen ist. Und Sie selbst haben Gelegenheit, zusätzliche Informationen über die Firma zu sammeln, die Sie in Ihrer Entscheidung sicherer machen.

Kündigung vor Abschluss eines neuen Vertrages?

Wenn Sie sich einmal entschlossen haben zu gehen, wird es Ihnen schwerfallen, noch länger am alten Arbeitsplatz auszuharren. Bewahren Sie trotzdem einen kühlen Kopf. *Kündigen Sie nicht, bevor Sie einen neuen Vertrag unterzeichnet haben.* Mit einer voreiligen Kündigung handeln Sie sich nur Nachteile ein:

● Sie setzen sich unter Zeit- und somit unter Entscheidungsdruck.

● Sie sind womöglich gezwungen, die erstbeste offerierte Stelle anzunehmen, weil Sie nicht wissen, ob und vor allem wann ein anderes, besseres Angebot zu erwarten ist.

● Unter Umständen erweckt Ihre Kündigung beim zukünftigen Arbeitgeber einen negativen Eindruck.

● Sie handeln sich Probleme mit der Arbeitslosenkasse ein, falls Sie Leistungen in Anspruch nehmen müssen. Die Kasse kann Ihnen wegen selbstverschuldeter Arbeitslosigkeit bis zu vierzig Taggelder streichen.

Natürlich müssen Sie die Antwort auf die Frage «Kündigen vor einem neuen Vertragsabschluss?» von Fall zu Fall und entsprechend Ihrer persönlichen Situation suchen. Wägen Sie Pro und Kontra sorgfältig gegeneinander ab, überlegen Sie, was Sie mehr verunsichert und deprimiert: unter Zeitdruck so und so viele Bewerbungsgespräche über sich ergehen zu lassen oder am jetzigen Arbeitsplatz noch etwas länger auszuharren, dafür aber selbstsicher und in aller Ruhe die richtige Stelle zu wählen.

Stellensuche im ungekündigten Arbeitsverhältnis

Kennen Sie die Geschichte jenes Mannes, welcher in ungekündigter Stellung auf ein Chiffreinserat antwortete und feststellen musste, dass er sich beim eigenen Arbeitgeber beworben hatte? Eine solche Situation ist äusserst peinlich.

Ganz generell besteht die Möglichkeit, dass Ihr jetziger Chef von Ihren Veränderungswünschen erfährt. Wenn zwischen diesem Chef und Ihnen ein Vertrauensverhältnis besteht, lohnt es sich deshalb, offen mit ihm über Ihre beruflichen Wünsche und Absichten zu sprechen. Möglicherweise kann er Ihnen sogar raten oder behilflich sein.

Es kann vorkommen, dass Arbeitgeber den Veränderungswünschen Ihrer Angestellten eher negativ gegenüberstehen und mit Enttäuschung, in extremen Fällen sogar mit einer Kündigung, reagieren. Wenn Sie also nicht wollen, dass Ihre jetzige Firma von Ihrer Stellensuche erfährt, müssen Sie mit der nötigen Vorsicht ans Werk gehen:

● Sprechen Sie mit möglichst wenigen und nur mit absolut vertrauenswürdigen Personen über Ihre Stellensuche.

● Beantworten Sie keine Chiffreinserate.

● Erwähnen Sie im Bewerbungsschreiben, dass Sie in ungekündigter Stellung sind, und bitten Sie um strengste Diskretion. Ersuchen Sie darum, dass man Sie nur zu Hause anruft.

● In ganz heiklen Fällen sollten Sie in Ihrem Bewerbungsschreiben und im Lebenslauf Ihren jetzigen Arbeitgeber gar nicht mit Namen nennen. Wählen Sie eine Umschreibung wie beispielsweise «mittelgrosser Handelsbetrieb in der Pharmabranche» usw. Die genaue Identität Ihres Arbeitgebers können Sie in einem Anstellungsgespräch immer noch bekanntgeben.

● Verlangen Sie von den eingeschalteten Personalberatern, dass Ihre Unterlagen nur dann an eine Firma weitergegeben werden, wenn Sie dies vorher ausdrücklich genehmigt haben.

● Suchen Sie eine Stelle, indem Sie eigene Chiffreinserate aufgeben (siehe Seite 51).

38

Lernen aus Absagen

Auf die wenigen offenen Stellen bewerben sich heute neben Ihnen viele andere Leute. Wer eine grosse Zahl von Bewerbungen schreibt, muss mit mancher Absage rechnen. Auch wenn jede einzelne Absage eine Enttäuschung ist, lassen Sie sich davon nicht zu sehr beeindrucken. Wenn Sie aber fast nur Absagen erhalten (90 Prozent und mehr), dann müssen Sie Ihre Bewerbungsunterlagen überprüfen. Ist die Bewerbung vollständig? Ist der Lebenslauf übersichtlich dargestellt (siehe Kapitel «Die schriftliche Bewerbung», Seite 65)? Verkaufen Sie sich richtig? Fragen Sie auch einen Personalberater um Rat. Er kann Ihnen wertvolle Tips geben und auch Hilfe bei der Stellensuche anbieten.

Schwerer zu verkraften sind Absagen, die Sie nach einem Vorstellungsgespräch erhalten, von dem Sie möglicherweise sogar einen guten Eindruck mit nach Hause genommen hatten. Wenn Ihnen die Absage telefonisch mitgeteilt wird, haben Sie die Möglichkeit, nach den Gründen zu fragen. Bei schriftlichen Absagen – vor allem, wenn Ihnen die Stelle sehr wichtig war – können Sie auch selbst Ihren Interviewpartner anrufen und um Auskunft bitten. Stehen Sie zu Ihrer Enttäuschung, aber drücken Sie nicht auf die Tränendrüsen. Ihr Gesprächspartner muss spüren, dass Sie etwas für Ihre zukünftige Stellensuche lernen wollen und dass Sie seine Kritik konstruktiv aufnehmen. Nur so haben Sie eine Chance, dass er Ihnen auch ehrlich den wirklichen Grund sagt.

Wenn sich Absagen nach Vorstellungsgesprächen häufen, dann sollten Sie Ihren «Vorstellungsstil» kritisch unter die Lupe nehmen:

● Haben Sie sich genügend auf das Gespräch vorbereitet?

● Stimmt Ihr positiver Eindruck von den betreffenden Gesprächen überhaupt, oder haben Sie dem freundlichen Ton des jeweiligen Interviewers zuviel Bedeutung beigemessen?

● Haben Sie die richtigen Fragen gestellt?

● Haben Sie deutlich gezeigt, wie sehr Sie die Stelle interessiert?

● Geben Sie sich zu selbstsicher – oder zu verzagt?

Das Kapitel «Das Vorstellungsgespräch» (Seite 95) zeigt Ihnen, worauf es bei Interviews ankommt. Nehmen Sie auch Ihr Stärken- und Schwächenprofil (Seite 11) wieder zur Hand. Müssen Sie Ihre Selbsteinschätzung vielleicht revidieren? Bringen Ihnen diese Absagen neue Erkenntnisse? Analysieren Sie die Absagen in Ruhe und seien Sie ehrlich mit sich selbst. Sie lernen daraus für Ihre nächsten Bewerbungen.

Stellensuche durch Zeitungsinserate

Inserate beantworten ist der häufigste Weg der Stellensuche. Die annoncierenden Firmen oder Personalberatungen teilen offen mit, wen sie suchen, warum sie suchen und was sie zu bieten haben. Sie als Bewerber brauchen nur noch auszuwählen und Ihre Unterlagen einzusenden.

Indem Sie auf Stellenanzeigen antworten, kommen Sie rasch mit Firmen in Kontakt, welche tatsächlich Arbeit anzubieten haben. Diese Art der Stellensuche ist vielleicht die aufwendigste. Sie müssen recht viel Zeit und Arbeit investieren: Bewerbungsschreiben verfassen, Unterlagen kopieren und Dossiers zusammenstellen. Um so wichtiger ist eine gut aufgemachte, wirksame Werbung, welche aus dem Gros der eingehenden Unterlagen heraussticht. Lückenlos und detailliert aufgeführte Anstellungen, Beschrieb der innegehabten Tätigkeiten, Aufführen aller Weiterbildungslehrgänge und -kurse, Hinweise auf spezielle Kenntnisse und Fähigkeiten sowie auf Ihre Hobbys tragen – professionell dargestellt – viel zum Erfolg bei. Hier präsentieren Sie sich selbst auf Papier, und das sollte Ihnen den besonderen Aufwand wert sein.

Ein weiterer Nachteil: Sie sind abhängig vom jeweiligen Angebot und werden es immer mit mehreren Mitkandidaten zu tun haben, gegen die Sie sich behaupten müssen. Je nachdem, welcher Berufsgattung Sie angehören, sind Sie nur eine(r) unter vielen und müssen in Kauf nehmen, dass Sie Ihre Unterlagen erst nach Wochen mit einem höflichen Absagebrief zurückerhalten.

Wo finde ich Stelleninserate?

Die Grundregel lautet: Konsultieren Sie so viele Zeitungen wie möglich! Beschränken Sie sich nicht auf die Blätter Ihrer Region, sondern suchen Sie möglichst breit. Wichtige Quellen sind auch die Fachpresse sowie Publikationen Ihres Berufsverbandes.

Es hat keinen Einfluss auf Ihre Bewerbung, in welcher Zeitung Sie ein Inserat gelesen haben. Man wird aufgrund der ideologischen Ausrichtung dieses Blattes keine Rückschlüsse auf Sie selbst ziehen. In der Regel schreibt eine Firma ihre Stelle in zwei oder mehr Zeitungen aus, um einen möglichst breiten Leserkreis anzusprechen. Eine Firma weiss zum vornherein nie, welches Inserat ihr den Idealbewerber bringen wird. Selbst ausgeklügelte Systeme, an welchem Wochentag, in welcher Zeitung, auf welcher Seite zu inserieren sei, haben keine eindeutige «Erfolgskurve» ergeben.

Gehen Sie beim Lesen und Bearbeiten der Inserate systematisch vor. Schneiden Sie die Annoncen aus, notieren Sie Ihre Bemerkungen und Fragen dazu sowie allfällig geführte Telefongespräche (Datum, Name der Kontaktperson, einen eventuell vereinbarten Vorstellungstermin, Personen, die Sie in diesem Zusammenhang kennenlernen werden, deren Funktion im Betrieb usw.).

So interpretieren Sie Zeitungsinserate

Inserate sind das Werk von individuell denkenden und schreibenden Menschen und sind daher in ihrem Informationsgehalt sehr unterschiedlich. Lesen und analysieren Sie die Texte genau. Seien Sie kritisch bei Allgemeinausdrücken wie «Allrounder», «Top-Firma», «Manager».

Inserate sind Werbetexte. Sie sollen das Interesse möglichst vieler geeigneter Bewerber wecken. Naturgemäss betonen sie daher eher die

Schokoladenseiten der ausgeschriebenen Stelle, während andere Punkte, die Sie als potentiellen Kandidaten ebenfalls interessieren, nicht behandelt werden. Klären Sie offene Fragen wenn immer möglich telefonisch ab, bevor Sie in die Schreibmaschinentasten greifen, um Ihre Bewerbung zu tippen. Sie ersparen sich damit unnötige Arbeit. Übrigens: Fragen zum Inserat sind ein idealer Einstieg in die Diskussion, falls der Interviewer anlässlich eines Vorstellungsgesprächs zuerst Sie zum Sprechen auffordert. Stellen Sie aber keine Fragen, deren Antwort im Inserat zu finden ist. Sie erwecken dadurch den Eindruck eines oberflächlichen und unaufmerksamen Menschen.

Achten Sie auf *Stellen- oder Positionsbezeichnungen* und setzen Sie diese in Verbindung zum inserierenden Unternehmen. Ein Aussendienstmitarbeiter in einer unbekannten Familien-AG ist nicht dasselbe wie ein Aussendienstmitarbeiter bei einem amerikanischen Branchenleader. Umsatzerwartungen, Leistungsdruck, Kompetenzen, Marktstellung der Firma usw. haben grossen Einfluss auf Ihre Arbeit und Ihre tatsächliche Stellung.

Lassen Sie sich von hochgestochenen Anforderungsprofilen nicht einschüchtern

Aufgabenbeschreibung und Anforderungsprofil in vielen Inseraten mögen so manchen Stellensuchenden entmutigen. Bleiben Sie kritisch. Glauben Sie nicht, dass Sie sich nur auf jene Inserate bewerben dürfen, deren Anforderungen Sie hundertprozentig erfüllen. Sie laufen sonst Gefahr, nie eine neue Stelle zu bekommen. Der Inserattext umschreibt immer das absolute Ideal, das sich die Firma wünscht. Der neue Kandidat soll (natürlich) die Stärken des früheren Stelleninhabers aufweisen, ohne dessen Schwächen mitzubringen. Meist gibt es diesen idealen Menschen jedoch gar nicht, oder er sucht in diesem Moment keine neue Stelle. Lassen Sie sich also von hochgestochenen Formulierungen nicht einschüchtern. Sekretärinnen und Assistentinnen zum Beispiel wissen ein Lied zu singen über die perfekten Englisch- und Französischkenntnisse, die oft in Inseraten verlangt werden und die sie dann in Tat und Wahrheit bloss ein- oder zweimal monatlich in Form eines kurzen Textes anwenden können. Scheuen Sie sich also nicht, Ihre Unterlagen einzureichen und den Versuch zu wagen – vorausgesetzt, dass Sie die Offerte wirklich interessiert.

Der gesuchte Mann – eine Frau?

Qualifizierte Frauen machen immer noch die Erfahrung, dass in den Stelleninseraten für verantwortungsvolle und attraktive Posten offenbar nur Männer gesucht werden. Arbeitnehmerinnen sollten sich jedoch von männlichen Formulierungen in Anzeigen nicht abschrecken lassen. Häufig handelt es sich dabei um reine Gedankenlosigkeit. Bewerben Sie sich, wenn Sie davon überzeugt sind, die Anforderungen zu erfüllen. Fragen Sie nicht zuerst telefonisch an, ob auch eine weibliche Person in Frage käme. Damit verscherzen Sie sich eventuell gleich zu Beginn die Chancen, wenn Sie an einen konservativen Gesprächspartner geraten. Ausserdem mindern Sie dadurch Ihren Wert. Sie wissen doch, dass Sie die gleichen Qualifikationen haben wie Ihre männlichen Konkurrenten. Also nehmen Sie, ohne zu zögern, das Rennen mit ihnen auf. Die folgende Begebenheit aus der Praxis soll Ihnen etwas Mut machen:

Eine grosse und bekannte Holdinggesellschaft suchte (ausdrücklich männlich formuliert) einen «Konzernbuchhalter», der dem Direktor Konzernfinanzen unterstellt war. Unter den eingegangenen rund 25 Bewerbungen befand sich das erstklassig präsentierende Dossier einer jungen Frau. Der Zufall wollte es, dass der Personalchef dieser Firma auch eine Frau war. Diese besprach die eingegangenen Bewerbungen mit dem Direktor Konzernfinanzen, einem erfolgreichen jungen Finanzmann, welcher gerade im Militärdienst weilte. Nein, eine Frau wolle er nicht, meinte dieser lakonisch. Die Personalchefin lud die Bewerber der engeren Wahl zu einem Gespräch ein, sagte den nicht in Frage kommenden ab und gab der Bewerberin einen Zwischenbericht. Irgendwie wollte sie dieser gut qualifizierten Dame nicht einfach absagen.

Und das Ende der Geschichte: Die Frau wurde Wochen später mit grösster Überzeugung und zur Freude aller Beteiligten angestellt! Wie es dazu gekommen ist? Die erste Interviewrunde brachte einen einzigen

Spitzenkandidaten hervor, der nach zwei Gesprächen die Bewerbung zurückzog. In der zweiten Runde motivierte die Personalchefin den Direktor, doch diese Frau auch einzuladen, da sie wirklich ideale Voraussetzungen mitbringe. Und so machte die einzige Frau unter 25 Männern das Rennen.

Diese Begebenheit trug sich im Jahr 1978 zu. Seither hat sich in Wirtschaft, Politik und Gesellschaft einiges geändert. Frauen sind aus Führungsrollen und wichtigen Schlüsselpositionen nicht mehr wegzudenken. Die zunehmende Selbstsicherheit der gut ausgebildeten oder in der Praxis qualifizierten Frauen verhilft ihnen auch im hart umkämpften Stellenmarkt zu guten Jobs voller Herausforderungen.

Was für eine Bewerbung wird verlangt?

Im letzten Abschnitt des Inserates ist in der Regel angegeben, wie man sich bewerben soll und was für Unterlagen verlangt sind. Befolgen Sie diese Wünsche genau. Das Kapitel «Die schriftliche Bewerbung» (Seite 65) gibt Ihnen Auskunft darüber, was eine Bewerbung enthalten muss. Ihr Bewerbungsschreiben richten Sie an jene Person, die im Inserat namentlich aufgeführt ist. Immer wieder erhalten Personalfachleute Schreiben mit der unpersönlichen Anrede «Sehr geehrte Herren». Dies zeigt entweder, dass der Bewerber das Inserat nicht aufmerksam genug gelesen hat oder dass er keinen Wert auf Umgangsformen legt. Eine solche unpersönliche Anrede ist ärgerlich, vor allem wenn die «Sehr geehrten Herren» eine Dame sein sollten! Steht im Inserat kein Name, beginnen Sie mit «Sehr geehrte Damen und Herren».

Muster von Inseraten und was sie aussagen

Beispiel 1: Inserat der Superlative

- **Äussere Aufmachung und Grösse:** Ansprechende, gute Raumaufteilung, nicht zu gross, aber auch nicht zu klein – die Grösse ist für die Position einer Chefsekretärin angemessen.

- **Inhalt:** Der Text ist in der Ich-Form geschrieben, was man recht selten sieht. Handelt es sich um einen Einmannbetrieb oder um einen sehr patriarchalischen Chef, der nichts von Teamgeist hält?

Suche:

Ia-Top-Super-Chefsekretärin

Erwarte:
Perfekt Englisch, 100% Steno und Schreibmaschinenschreiben, Französischkenntnisse erwünscht, überdurchschnittliche kaufmännische Erfahrung, versiert in Import/Export, flexibel, hervorragende Umgangsformen, Bildung in wesentlichen Bereichen.

Biete:
Überdurchschnittliches Gehalt, märchenhafte Arbeitsbedingungen, hochinteressante Tätigkeit.

Bewerbungen mit Lebenslauf, Zeugniskopien, Photo und Referenzangaben sind erbeten an:

ABC **Handels** AG

Gartenstrasse 12, 8152 Glattbrugg

Wie super ist die Stelle wirklich? (alle Namen geändert)

Die gestellten Anforderungen sind überwältigend – und unmöglich in einer Person zu vereinen: perfektes Englisch, 100 Prozent Steno und Schreibmaschine, überdurchschnittliche kaufmännische Erfahrung, versiert im Import/Export. Wer wird da gesucht? Eine Daktylo, die hauptsächlich tippt, eine auf Import/Export spezialisierte Fachfrau? Was wohl ist «Bildung in wesentlichen Bereichen»? Für den einen Menschen sind Astrologiekenntnisse wesentlich, für den anderen das erworbene Flugbrevet.

Was es mit den «märchenhaften Arbeitsbedingungen» auf sich hat, muss sich im Vorstellungsgespräch erst weisen.

● **Schlussfolgerung:** Klären Sie *genau und vorsichtig* ab, ob dies wirklich die Tätigkeit ist, die Sie suchen. Es ist nicht ganz klar, ob eine Sekretärin oder eine Sachbearbeiterin gesucht wird. Wenn die Firma aus wenigen Leuten besteht, kann es sich um eine Alleinsekretärin handeln, die eben sämtliche anfallenden Arbeiten zu erledigen hat.

Beispiel 2: Aufwendiges Inserat, welches die «Werbetrommel» schlägt

● **Äussere Aufmachung und Grösse:** Auffallendes, da mit sattem Text versehenes Inserat, das im Original eine viertel Zeitungsseite ausfüllte. Herausfordernder Titel. Die überdurchschnittliche Grösse soll wohl die Bedeutung der Position unterstreichen.

● **Inhalt:** In der Einleitung wird das Wort «Glück» etwas strapaziert. Der Leser soll wohl glauben, dass ihm eine einmalige Chance winkt.

Das Lesen des viel zu langen Textes ist mühsam. Der Bewerber muss sich die Informationen zusammensuchen. Er findet viele nichtssagende Formulierungen und Schlagwörter. Was heisst zum Beispiel, der Bewerber solle sich «für die kommenden Jahre etwas vorgenommen haben»?

Es fällt überhaupt auf, dass an den Bewerber ausser dem Alter keine konkreten Anforderungen bezüglich Erfahrung und Ausbildung gestellt werden. Ob die Firma wohl Mühe hat, jemanden zu finden?

Mit den am Schluss aufgeführten «paar Worten» zur Firma hat das Unternehmen wohl die Gelegenheit ergriffen, ein wenig Werbung zu betreiben. Über die angebotene Stelle sagt auch dieser Abschnitt wenig Konkretes.

● **Schlussfolgerung:** Die Firma ist, wie sie selbst sagt, auf der Suche nach dem Hervorragenden, was immer sie damit meint. Hinsichtlich der

Erfolgreiche Männer brauchen
(neben ihrem Können)

hie und da auch etwas Glück.

Glück in dem Sinne, dass sie zum richtigen Zeitpunkt die richtige Entscheidung für ihre Zukunft treffen. Vor einer solchen Entscheidung stehen Sie möglicherweise, wenn Sie dieses Inserat zu Ende gelesen haben, denn wir suchen einen

Generalagenten
für unsere Generalagentur in Solothurn

deren jetziger Chef eine neue Aufgabe in Zürich übernimmt. Wenn Sie zwischen 30- und 40jährig sind und sich für die kommenden Jahre etwas vorgenommen haben, dann sollten Sie sich unbedingt mit uns in Verbindung setzen. Erstklassiger Leumund und gute Referenzen sind selbstverständlich. Als Generalagent sollten Sie wenn möglich Versicherungsfachmann aus dem Bereich Verkauf und Verkaufsführung sein. Organisatorische Fähigkeiten und eine geschickte Personalführung werden bei uns gross geschrieben. Sie müssen nicht unbedingt ein Spitzenverkäufer sein. Sie sollten aber in der Lage sein, Ihre Mitarbeiter im Verkauf stets neu zu begeistern. Daneben sollten Sie Beziehungen zu Finanz-, Handels- und Industriekreisen im Kanton Solothurn besitzen oder aufbauen können, eine gute Allgemeinbildung haben und gesellschaftlich aktiv sein.

Unsere Generalagenten nehmen in der Entwicklung unserer Firma eine Schlüsselstellung ein. Eine Position also, die grosse Verantwortung mit sich bringt, die gleichzeitig aber eine Lebenschance bei selbstständiger Tätigkeit und interessanten finanziellen Möglichkeiten bietet. Kein «Job», sondern ein Neubeginn, der Sie rasch nach oben führen kann.

Ihre ausführliche Offerte mit einem Abriss Ihrer Ausbildung und bisherigen Tätigkeit, mit Foto und Handschriftprobe, wollen Sie bitte an die untenstehende Adresse, zuhanden von Herrn Fritz Müller, Vizedirektor Direktion Aussendienst, senden. Ihr Angebot wird sorgfältig geprüft, und in einem persönlichen Gespräch wird sich Gelegenheit bieten, Ihnen Ihre neue Aufgabe ausführlich zu beschreiben. Wir erwarten gern Ihre Kontaktnahme und sichern Ihnen absolute Diskretion zu.

Und nun noch ein paar Worte zum Zukunftsland. Unsere Gesellschaften bieten Versicherungen in allen Branchen an. Wir sind ein modernes Versicherungsunternehmen, das mehr als eine Million Kunden betreut und eine bedeutende Stellung im Versicherungsmarkt einnimmt. Für das nächste Jahrzehnt haben wir uns besonders viel vorgenommen, was für unsere Mitarbeiter neue Verantwortung, aber auch neue Chancen mit sich bringt.

Zukunftsland
Versicherungsgesellschaften
Musterstrasse 12, 3000 Bern

Aufwendig, aber wenig Konkretes (alle Namen geändert)

versprochenen Karrieremöglichkeiten bleibt offen, wie realisierbar sie sind. Man sucht ja schliesslich den Verantwortlichen für eine Kantons-agentur. Es stellt sich die Frage, wo denn auf «dem Weg nach oben» eine hierarchisch höhere Position einzunehmen ist – allenfalls in Zürich oder nur am Hauptsitz?

Beispiel 3: Informatives, aussagekräftiges Inserat

- **Äussere Aufmachung und Grösse:** Nicht zuviel Text, wirkt nicht überladen, originelle Textverteilung, Grösse eher bescheiden.

- **Inhalt:** Die Firma beschreibt sich objektiv und ohne grosse Super-lative. Das tabellarische Aufführen von Aufgaben und Anforderungen gibt einen klaren Überblick und ist aussagekräftig.

Die Aufgaben werden einzeln beschrieben, wobei gleichzeitig viel über die Kundenstruktur und Absatzpolitik bekanntgegeben wird. Die Anforderungen sind so klar umschrieben, dass sich der Leser nicht lange fragen muss, ob er für diese Stelle geeignet ist.

- **Schlussfolgerung:** Dank der einfachen, unverblümten Sprache im Inserattext ist allen Lesern klar, wer gesucht wird. Es werden sich auf dieses Inserat nur wenige Leute bewerben, dafür die richtigen. Wenn aus drei eingegangenen Bewerbungen der richtige Kandidat angestellt wird, ist dies zum Teil sicher auch Glück. Vor allem lässt es jedoch auf professionelle Personalsuche schliessen.

*Einfach, klar,
zielgerichtet*

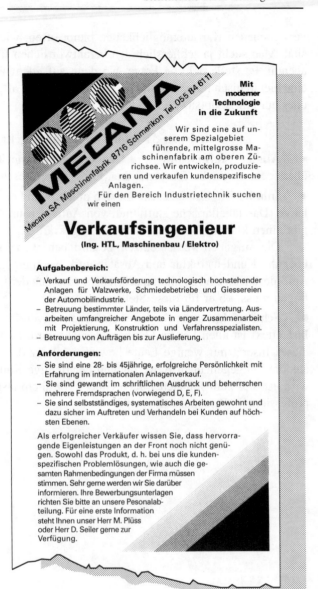

**Mit
moderner
Technologie
in die Zukunft**

Wir sind eine auf un-
serem Spezialgebiet
führende, mittelgrosse Ma-
schinenfabrik am oberen Zü-
richsee. Wir entwickeln, produzie-
ren und verkaufen kundenspezifische
Anlagen.
Für den Bereich Industrietechnik suchen
wir einen

Verkaufsingenieur
(Ing. HTL, Maschinenbau / Elektro)

Aufgabenbereich:

– Verkauf und Verkaufsförderung technologisch hochstehender
Anlagen für Walzwerke, Schmiedebetriebe und Giessereien
der Automobilindustrie.
– Betreuung bestimmter Länder, teils via Ländervertretung. Ausarbeiten umfangreicher Angebote in enger Zusammenarbeit
mit Projektierung, Konstruktion und Verfahrensspezialisten.
– Betreuung von Aufträgen bis zur Auslieferung.

Anforderungen:

– Sie sind eine 28- bis 45jährige, erfolgreiche Persönlichkeit mit
Erfahrung im internationalen Anlagenverkauf.
– Sie sind gewandt im schriftlichen Ausdruck und beherrschen
mehrere Fremdsprachen (vorwiegend D, E, F).
– Sie sind selbstständiges, systematisches Arbeiten gewohnt und
dazu sicher im Auftreten und Verhandeln bei Kunden auf höch-
sten Ebenen.

Als erfolgreicher Verkäufer wissen Sie, dass hervorragende Eigenleistungen an der Front noch nicht genügen. Sowohl das Produkt, d. h. bei uns die kunden-
spezifischen Problemlösungen, wie auch die ge-
samten Rahmenbedingungen der Firma müssen
stimmen. Sehr gerne werden wir Sie darüber
informieren. Ihre Bewerbungsunterlagen
richten Sie bitte an unsere Pesonalab-
teilung. Für eine erste Information
steht Ihnen unser Herr M. Plüss
oder Herr D. Seiler gerne zur
Verfügung.

Stellensuche über ein eigenes Chiffreinserat

Wenn Sie unter Chiffre inserieren, erhalten Sie Stellenangebote, ohne dass Sie sich vorerst zu erkennen geben müssen. Chiffreinserate sind daher ein geeignetes Instrument, um «Marktforschung» zu betreiben und die beruflichen Möglichkeiten abzuklären.

Es gibt viele Gründe, warum eine Firma auf ein Chiffreinserat reagiert. Möglicherweise hat ein Mitarbeiter gerade erst gekündigt, so dass man noch keine Zeit fand, ein Firmeninserat erscheinen zu lassen. Ausserdem ist das Beantworten von Chiffreinseraten die billigste Art, mit Kandidaten in Kontakt zu kommen.

Klären Sie in Ihrer Region ab, welche Zeitung oder welche Fachzeitschrift für Ihr Inserat am besten geeignet ist, indem Sie die verschiedenen Blätter auf andere Stellengesuche durchsehen. So finden Sie auch heraus, an welchem Wochentag die meisten Chiffreinserate plaziert sind. Ihr eigenes Inserat hat in diesen Ausgaben die besten Chancen.

WERKZEUGMACHER sucht interessante Montage- und Servicearbeit im In- und vor allem im Ausland. 22, D/(E)/F, Kenntnisse CNC, SPS (CAD). Schriftliche Offerten an ....: ....:, ...: ....:, 2504 Biel.

ELEKTROAPPARATE-VERKÄUFER, (39),branchenstark in Klein-, Grossapp., Detail- und Vertreter-Erfahrung, sucht neue Aufgabe! Raum ZH/AG. Offerten an Chiffre ...:. Tages-Anzeiger, 8021 Zürich.

KAUFM. ANGESTELLTE mit langj. Erfahrung im engl. Sprachgebiet, sucht selbständigen Job als Sachbearbeiterin. Gute Kenntnisse in Buchhaltung sowie EDV. Evtl. auch temporär. Offerten an Chiffre ...: Tages-Anzeiger. 8021 Zürich.

Tiefbauzeichnerin
ausgelernt seit 5 Jahren, sehr gute CAD-Kenntnisse, mit Innenausbaupraxis, sucht neue Arbeitsstelle im Raum Stadt Zürich. Offerten an Chiffre ...: Tages-Anzeiger, 8021 Zürich.

Initiative, vielseitig interessierte

Dekorateurin
erfahren im Gestalten von Räumen und Projektieren von Verkaufslokalen, 4sprachig (D/E/F/I), will ihr Wissen und ihre Kreativität als freie Mitarbeiterin im Bereich **Innenarchitektur oder Werbung** einsetzen. Angebot an Chiffre ...: Tages-Anzeiger, 8021 Zürich.

Gut formulierte Chiffreinserate

Dipl. Krankenschwester AKP, 31, mit mehrjähriger, breitgefächerter Berufserfahrung, sucht neues Arbeitsfeld mit Kindern als

Kinderbetreuerin/ -erzieherin
in der Stadt Zürich und am rechten Seeufer. Offerten unter Chiffre ...:, NZZ, Inseratenabteilung, Postfach, 8021 Zürich.

Aussendienst
Kompetenter, erfahrener Berufsmann, techn.-kaufm. Ausbildung, sucht neuen Wirkungskreis. Seit Jahren gut eingeführt in der metallverarbeitenden Industrie, Werkzeugbranche, in den Regionen Ostschweiz und Tessin.
Gesucht wird ausbaufähige Position in fortschrittlichem, dynamischem Betrieb.
Angebote unter Chiffre ...:, NZZ, Inseratenabteilung, Postfach, 8021 Zürich.

Börsenhändler
30j., D/E/F, sucht neue Herausforderung im Handel oder institutionellen Bereich. (Erfahrung im Ringhandel.)
Offerten an Chiffre ...:, NZZ, Inseratenabteilung, Postfach, 8021 Zürich.

Frontorientierter Bänkler
Lic. oec. HSG, 33 J., D/E/F, Erfahrung in Research, Marketing, Betreuung inst. Kundschaft, sehr gute EDV-Kenntnisse, tadelloser Werdegang, sucht neue Herausforderung mit Perspektiven, evtl. Auslandeinsatz. Stellenvermittler nur mit konkreten Angeboten.
Offerten an Chiffre ...:, Publicitas, Postfach, 8021 Zürich.

Hinweise für die Gestaltung von Chiffreinseraten

Formulieren Sie Ihre Inserate kurz und prägnant und verpacken Sie möglichst viele Informationen in ein paar wenige Sätze (Telegrammstil). Der Leser sollte genau wissen, wer Sie sind und was Sie suchen, ohne dass er zuviel Zeit für die Lektüre aufwenden muss. Niemand liest gerne lange Texte, ohne zu wissen, ob sich die Kontaktaufnahme überhaupt lohnt.

Auf der nebenstehenden Seite finden Sie ein paar gut formulierte Musterinserate, welche Ihnen für die Gestaltung Ihres eigenen Chiffreinserates als Vorbild dienen können.

Auf die nachfolgenden Inserate werden Personalfachleute nur ungern – wenn überhaupt – antworten:

Beispiel 1

Haben Sie einen aussergewöhnlichen Job zu vergeben?

Egal, um was es sich handelt

ich bin Ihr Mann

Schreiben Sie mir bitte über Chiffre   Tages-
Anzeiger, 8021 Zürich.

Was will der Mann?

Der Stellensuchende hat offenbar überhaupt keine Ahnung, was er eigentlich für eine Arbeit sucht. Er verrät auch nicht, was für Fähigkeiten und Erfahrungen er mitbringt. Handelt es sich um einen kaufmännischen Angestellten, Bäcker, Mechaniker oder Chauffeur? Kein Personalverantwortlicher wird seine kostbare Zeit mit Briefeschreiben an «irgendeinen Berufsmann» verschwenden.

53

Beispiel 2

Allzugross
wirkt
unbescheiden.

Was ich mir wünsche
- Ausnahmesituationen
- Aktenberge
- Viel Arbeit
- Und selbstverständlich nette Kollegen

Wo ich es mir wünsche
- Am linken Zürichseeufer (Zürich Enge bis Richterswil) oder Sihltal
- In einem lebhaften Klein- bis Mittelbetrieb
- Wo Raum für Kreativität und Selbständigkeit Selbstverständlichkeiten sind.

Was Sie sich wünschen
- Eine belastbare, im Umgang mit Menschen gewandte, selbständige, seriöse, humorvolle und fleissige kaufmännische Allrounderin, die Ihnen 50 bis 70% der Woche zur Verfügung steht.

Bisherige Tätigkeiten:
- Personalwesen
- Offert- und Auftragswesen
- Zahlungsverkehr, Lohnabrechnung
- Korrespondenz der Direktion
- Organisation von Messen
- Gesamte Verkaufsadministration
- Arbeit am PC

Wenn Sie mich näher kennenlernen wollen, schreiben Sie an Chiffre ⬚⬚⬚⬚⬚⬚, NZZ, Inseratenabteilung, Postfach, 8021 Zürich.

Ein auf den ersten Blick äusserst klar aufgegliedertes Inserat – auf den zweiten Blick aber doch sehr ins Detail gehend. Individualität und Originalität bei der Stellensuche sind erwünscht, vor allem wenn sie den eigenen Charakter widerspiegeln. Die Grösse dieses Chiffreinserates ist jedoch so extrem (und ebenso die Kosten!), dass ein Fachmann zum Schluss kommen könnte, die Person brauche womöglich auch in ihrer zwischenmenschlichen Umgebung viel Platz!

Beispiel 3

*Effekthascherei
auf Kosten der
Information*

A 4

...gut bewährt, aber ein bisschen gar herkömmlich. **Persönliches Format,** eigen und trotzdem anpassungsfähig (bürgt u. a. deshalb für Erfolg): 35j., eidg. dipl. VL mit breiter, admin. Erfahrung/Wissen (Bank usw.), Organisationstalent mit PR-Flair, gut repräsentierend, kommunikations-/kooperationsfreudig, sicheres Auf- und auch Abtreten, verhandlungsgewandt, Sensitivität für Neues, rasche Auffassung/Lernbereitschaft, sehr gute E-/F-Kenntnisse, belastbar und loyal, analytisches Denken ... und trotzdem kreativ, sucht Sie, den erfolgreichen, fortschrittlich denkenden und nicht alltäglichen Arbeitgeber.

Konkrete Offerten freuen mich auch auf A-4 Papier an Chiffre ⸻, NZZ, Inseratenabteilung, Postfach, 8021 Zürich.

Dieses eher grosse Inserat trägt einen sehr ungewöhnlichen Titel. Was der Schreiber damit bezweckt, ist nicht ganz klar. Er will die Aufmerksamkeit auf sich ziehen. Wo aber bleibt die sachliche Aussage?

Der Text ist eigenwillig, der Beschrieb der persönlichen Fähigkeiten und Eigenart zum Teil ironisch. Der Wunsch, die Offerte auf A4-Papier unterbreitet zu bekommen, ist unnötig, da man wohl kaum Firmen finden wird, die eine geschäftliche Mitteilung auf eine Postkarte schreiben! Da der Text zwar recht lang ist, aber bis zum Schluss unklar bleibt, was der Schreiber denn überhaupt sucht (und wo), werden auch hier manche Personalverantwortlichen davor zurückschrecken, Zeit und Geld in eine Offerte zu investieren.

Stellensuche
über Personalberater

Ohne Personal- und Unternehmensberater und Stellenvermittlungen geht heute im Arbeitsmarkt gar nichts mehr. Auch Sie werden die Dienste dieser Branche in Anspruch nehmen (müssen). Hier ein paar Tips für die Zusammenarbeit mit diesen Dienstleistungsunternehmen.

Obwohl diese Firmen ein Produkt – offene Stellen nämlich – anzubieten haben, sollte eine wichtige Aufgabe dieser Branche die Beratung des suchenden Unternehmens einerseits und des Bewerbers andererseits sein. Beratung für die Stellensuchenden umfasst Themen wie Lebenslaufanalyse, berufliche Zielsetzung, Wünsche und Zwänge in bezug auf die nächste Anstellung und vieles mehr. Ein guter Berater geht auf Sie als Person und Arbeitnehmer ein, nimmt sich Zeit, zeigt Verständnis für Ihre momentane Verunsicherung und nützt diese nicht aus. Er empfiehlt Ihnen mit sinnvollen Argumenten eine bestimmte Stelle oder rät davon ab. Zum Beispiel, weil sie nur vermeintlich so ideal erscheint oder weil die Aufgabe gar nicht zu Ihren Stärken und Schwächen passt. Ihr Berater muss Sie also offen und ehrlich über die Stelle, die Situation der Firma und die Aufgabe informieren. Er darf nicht nur Positives aufführen, sondern muss auch die Grösse haben, über Negatives zu sprechen.

Personalberater müssen für Sie echte Gesprächspartner sein, mit welchen Sie ganz persönliche und nur Sie betreffende Fragen diskutieren können. Sobald Sie spüren, dass alle Bemühungen nur dahin gehen, Sie an die zur Diskussion stehende Stelle zu plazieren, sollte bei Ihnen das rote Lämpchen aufleuchten. Schliesslich verdient der Berater in den meisten Fällen erst und nur dann, wenn er Sie in eine Firma gebracht hat. Leider gibt es in der Branche Leute, die möglichst schnell zu Plazierungen kommen wollen und dabei die eigentliche Beratung vergessen. Wenn Sie bei Ihren Gesprächen mit Personalberatern diesen Eindruck bekommen, haben Sie es in Ihrer Hand, deren Stellenangebote sorgfältigst weiter zu verfolgen oder den Kontakt (vor allem wenn noch kein konkretes Stellenangebot vorliegt) abzubrechen.

Was unterscheidet Personalberatungen von Stellenvermittlungsbüros?

Im Prinzip versteht man unter «Vermittlung» Agenturen, welche einerseits Stellensuchende und andererseits Vakanzen bei Firmen miteinander zusammenbringen. Der Vermittler kann Ihnen schon bei Ihrem Interview oder im späteren Verlauf eine oder mehrere Stellen vorschlagen. Er kennt diese Vakanzen aufgrund eines telefonisch besprochenen oder schriftlich erhaltenen Beschriebs der Aufgabe und der Anstellungsbedingungen. Er kennt jedoch nicht in jedem Fall die Eigenarten des Unternehmens und meist auch nicht den direkten Vorgesetzten. Es liegt deshalb bei Ihnen, die Rahmenbedingungen wie Atmosphäre, Marktstellung des Unternehmens, Firmenkultur, Person des direkten Vorgesetzten, Teamzusammensetzung usw. im Detail abzuklären. Auch müssen Sie oft selber herausfinden, ob diese Stelle für Sie richtig ist.

Der Personal- oder auch Unternehmensberater arbeitet mit einem festen Auftrag (Mandat). Er geht zur Aufgaben- und Profilbesprechung ins Unternehmen, lernt den oder die Vorgesetzten kennen und sieht sich den Arbeitsplatz an. Er sucht für die Firma via Inserat den neuen Mitarbeiter und präsentiert ihr nach intensiven Recherchen eine kleine Auswahl der besten Kandidaten. Dann berät er beide Seiten, bis es zu einem Vertragsabschluss kommt. Oder – was auch möglich ist, wenn keiner der vorgeschlagenen Kandidaten angestellt wird – er beginnt die Suche von vorn, so lange bis der richtige Kandidat gefunden und sein Auftrag erfüllt ist.

Lassen Sie Ihre Bewerbung nicht «vermarkten»

Wenn Sie die Dienste von Personalberatungen beanspruchen, sollten Sie daran denken, dass diese ihr Geld verdienen, indem sie Arbeitskräfte an ihre Kundenfirmen «verkaufen». Nur mit einer Plazierung kommen sie zu ihrem Honorar. Zuletzt ist es deshalb immer an Ihnen, kritisch zu analysieren, ob die angebotene Stelle Ihren Wünschen und Fähigkeiten tatsächlich entspricht. Ob Sie zu einer Agentur Vertrauen haben dürfen oder nicht, bleibt Ihrem Urteilsvermögen überlassen. Gehen Sie zu einem Gespräch, lernen Sie die Berater kennen und entscheiden Sie dann, ob Sie sich dieser Institution anvertrauen wollen. Wenn Sie Zweifel hegen, verlangen Sie Ihre Unterlagen wieder zurück.

Wieviele Beratungen Sie bei Ihrem Stellenwechsel einschalten, hängt von Ihrem zeitlichen Druck und der Intensität Ihrer Stellensuche ab. Achten Sie aber darauf, dass Ihre Bewerbung nicht «vermarktet» wird. Dies kann Ihnen dann passieren, wenn Sie bei zu vielen Büros angemeldet sind und zwei dieser Agenturen derselben Firma Ihre Unterlagen unterbreiten. Firmen melden ihre Vakanzen nämlich oft bei verschiedenen Agenturen auf Vermittlungsbasis an. Erhält eine suchende Firma Ihre Bewerbungsunterlagen von mehreren Agenturen, kann Ihnen dies negativ ausgelegt werden. Es erweckt den Eindruck, Sie müssten aus unbekannten Gründen unbedingt sofort eine neue Stelle haben. Aus diesem Grund ist es ratsam, möglichst selektiv vorzugehen. Verlangen Sie in jedem Fall vom Berater, dass er zuerst mit Ihnen Rücksprache nimmt, bevor er Ihren Namen oder Ihre Unterlagen an eine Firma weitergibt.

Warum sucht die Firma nicht selbst?

Wenn Sie den Arbeitsmarkt in den letzten Jahren verfolgt haben, konnten Sie feststellen, dass immer mehr Inserate von Unternehmens- und Personalberatungen erscheinen und immer weniger Inserate, die von den suchenden Firmen selbst aufgegeben werden. Je höher die Hierarchiestufe, um so eindeutiger ist dieses Verhältnis zugunsten der Personalberatungen. Dies hat folgende Gründe:

● Wählt die Firma den Weg über eine Personalberatung, kann sie in der Öffentlichkeit, und zwar vor allem gegenüber Kunden, Lieferanten und Konkurrenzunternehmen, im Hintergrund bleiben. Ein Wechsel auf oberer Führungsstufe ist immer problematisch und soll daher nicht zum vornherein einem breiten Publikum bekanntgegeben werden.

● Eine Firma will möglicherweise in ein neues Tätigkeitsgebiet vorstossen (neue Produkte, neue Dienstleistungen, Erweiterung der Exporttätigkeit in andere Länder usw.) und sucht zu diesem Zweck einen in der Branche erfahrenen Fachmann. Aus strategischen Gründen will die Firma nicht, dass Konkurrenten frühzeitig von ihrer Absicht erfahren.

● Jede Firma will mit den besten Kandidatinnen und Kandidaten ins Gespräch kommen. Diese sind jedoch meistens nicht genau dann aktiv auf Stellensuche, wenn die Firma sie sucht und braucht. Das Inserat einer Personalberatung ist für den Kandidaten viel neutraler als dasjenige der Firma selbst. Er meldet sich eher, um unverbindlich über die ausgeschriebene Stelle, seine berufliche Laufbahn zu diskutieren. Er kann nach dem ersten Gespräch mit dem Personalberater Bedenkzeit verlangen oder seine Bewerbung zurückziehen. Die Firma wird nie wissen, dass sich *diese* Person als Kandidat gemeldet hat. Gerade hochqualifizierte Führungskräfte sind auf solche Diskretion dringend angewiesen.

● Viele Firmen haben keine eigene Personalabteilung und schalten daher einen externen Fachmann ein, damit er ihnen die aufwendige Arbeit der Selektion abnimmt. Wenn der Berater das Unternehmen gut kennt (was meist der Fall ist, da er für diesen Kunden schon länger tätig ist), wird er der Firmenleitung lediglich die zwei bis drei bestqualifizierten Kandidaten präsentieren. Dem Firmenkader bleibt es somit erspart, sich mit 40 oder 50 Bewerbungsunterlagen auseinanderzusetzen.

● Unter Umständen kann eine Firma auch die Absicht haben, einen Mitarbeiter zu ersetzen, da seine Leistungen nicht den Anforderungen entsprechen. Sie will ihm aber erst kündigen, wenn ein Nachfolger gefunden ist. In solchen Fällen ist die Firma natürlich aus Diskretionsgründen gezwungen, einen Personalberater einzuschalten.

Head-Hunting – und
«Vitamin B»

Als Head-Hunter verzichtet der Personalberater auf eine teure Inseraten-kampagne. Er wendet sich direkt an Persönlichkeiten, die er für geeignet hält, eine offene Position zu bekleiden.

Head-Hunting, auch «Executive Search» genannt, ist eine amerikani-sche Erfindung und bedeutet nichts anderes als «Kopfjägerei». Gesucht werden auf diese Art in erster Linie Personen für gehobene Kaderfunktionen oder sogar für die oberste Geschäftsleitung.

Aus naheliegenden Gründen erweist sich Head-Hunting als sehr erfolgversprechend. Denn Hand aufs Herz: Fühlen Sie sich nicht geehrt, wenn ein Personalberater Sie anruft, Ihnen eine Stelle anbietet und Ihnen klar zu verstehen gibt, dass Sie die einzig richtige Person seien, um diese verantwortungsvolle Aufgabe zu übernehmen? Und wenn er Ihnen dazu noch ein wesentlich höheres Salär offeriert? Sehen Sie, so einfach kann man zu potentiellen Kandidaten kommen! Sie sollten sich dieser psychologischen Mechanismen bewusst sein, damit Sie keine voreiligen Entscheide fällen, falls Sie während Ihrer Berufslaufbahn irgendeinmal von einem Head-Hunter angesprochen werden.

Wichtig ist nicht, *wer* ihm Ihren Namen genannt hat oder *wie* man auf Sie aufmerksam wurde, obwohl Sie dies natürlich interessiert. Wich-tig ist, dass Sie das Angebot sachlich und in aller Ruhe prüfen. Holen Sie Informationen über die Firma ein, welche den Posten anbietet. Klären

Sie ab, ob die Stelle eine logische Fortsetzung Ihrer Karriere und ob der Zeitpunkt des Stellenwechsels richtig ist. Dies vor allem auch in bezug auf Ihr Alter. Lassen Sie sich nicht in eine Position engagieren, die auf einem Abstellgleis enden wird (wenn zum Beispiel eine Firma um etliches kleiner ist als diejenige, für die Sie heute arbeiten). Fragen Sie sich bei aller Freude über das ehrenvolle Angebot: «Will ich das wirklich?» Waren Sie nicht bisher mit Ihrer Stelle zufrieden, und könnte das Angebotene nicht «eine Schuhnummer zu gross» sein?

In der Person des Head-Hunters haben Sie einen (mehr oder weniger neutralen) Gesprächspartner. Diskutieren Sie mit ihm über Ihre Zukunft, Ihre Wünsche, Ihre Bedenken, und überlegen Sie sich darauf die Sache noch einmal gründlich. Wenn der Head-Hunter all Ihre Bedenken in den Wind schlägt und Ihnen die Sache als «einmalige Chance» darstellt, dann halten Sie sich vor Augen, dass er Sie als «sein Produkt» verkaufen will und ein hohes Vermittlungshonorar zu erwarten hat.

Geholtwerden hat auch Nachteile

Wenn Sie alle Fragen kritisch abgeklärt haben und zu einem positiven Ergebnis kommen, werden Sie voller Überzeugung und Freude den neuen Vertrag unterzeichnen. Andererseits kann es unangenehme Folgen haben, wenn Sie sich durch die Ehre, die Ihnen durch die unverhoffte Anfrage zuteil wurde, zu einem Stellenwechsel verleiten lassen. Es kann sein, dass die Stelle nicht Ihren Erwartungen und den abgegebenen Versprechungen entspricht. Es kann sein, dass die Firma in einer echten Krise steckt, die von aussen noch nicht sichtbar ist und auf die man Sie nicht aufmerksam gemacht hat. Da Sie direkt angefragt wurden, hatten Sie keine Gelegenheit, Alternativen zu prüfen, und hatten wahrscheinlich keine Zeit und Lust, mit anderen Firmen ins Gespräch zu kommen. Denn eigentlich haben Sie ja gar keine Stelle gesucht.

Das Geholtwerden kann auch einen weiteren Nachteil haben. Sie erfahren nicht, wie der Arbeitsmarkt aussieht. Sie können nicht beurteilen, wie leicht oder wie schwer es ist, eine passende Stelle zu finden. Dass man Sie in der Branche als topqualifizierte Fachkraft ansieht und für eine bestimmte Aufgabe geholt hat, erweckt bei Ihnen den Eindruck,

Sie hätten alle Chancen. Dieser Eindruck kann täuschen. Vor allem dann, wenn Sie einige Jahre später gezwungen sind, eine neue Stelle zu suchen, und feststellen müssen, dass Ihr Alter nicht mehr so gefragt ist und dass Sie es verlernt haben, Interviews erfolgreich zu führen.

Stellenangebote durch Freunde und Bekannte

Vor einer ähnlichen Situation stehen Sie, wenn ein Freund oder Bekannter Sie auf eine verwaiste Stelle in seiner Firma aufmerksam macht und Sie engagieren möchte. Vermittlung durch Bekannte ist – nach den Zeitungsinseraten – die zweithäufigste Art, eine neue Stelle zu finden. Sie bietet natürlich enorme Vorteile. Sie haben eine Auskunftsperson, welche die Firma, die Politik, aber auch die Probleme aus erster Hand kennt und Ihnen deshalb unerschöpflich Auskunft geben kann. Sie kommen so zu Informationen, zu denen Sie nie kommen würden, wenn Sie sich zum Beispiel auf ein Inserat dieser Firma melden würden.

Trotzdem müssen Sie auch hier kritisch bleiben. Stellen Sie Ihrem Bekannten wirklich alle Fragen, die Sie beschäftigen. Sie müssen eines wissen: *Sie ganz allein sind für diesen Stellenwechsel verantwortlich!*

Meist sind Freunde und Bekannte keine Personalfachleute und können deshalb nicht beurteilen, ob die Stelle wirklich Ihren Fähigkeiten und Neigungen entspricht. Oft weiss ein Bekannter ja auch nicht genau, was Sie eigentlich an Ihrer momentanen Stelle tun. Indem er Ihnen einen Posten offeriert, bringt er Ihnen in erster Linie Vertrauen und Sympathie entgegen. Er möchte Ihnen einen Dienst erweisen, weil Sie ein guter Kollege sind. All dies ist aber noch keine Garantie, dass der zur Diskussion stehende Arbeitsplatz tatsächlich auf Sie zugeschnitten ist.

Vorsicht und genügend Bedenkzeit können Sie vor einem Fehlentscheid mit unangenehmen Folgen bewahren: Sie stecken nicht nur in einer falschen Stelle, sondern verlieren womöglich einen Freund, den Sie «enttäuscht» haben. Gehen Sie darum mit direkten Angeboten vorsichtig um. Lassen Sie sich nicht durch hohe Saläre blenden. Denken Sie langfristig. Die angebotene Stelle sollte in Ihre Laufbahnplanung passen und für Ihre Person und Zukunft richtig sein.

Die schriftliche Bewerbung

Ihre Bewerbung ist nicht nur die erste Arbeitsprobe, die Sie dem zukünftigen Arbeitgeber unterbreiten, Sie müssen sich damit auch gegenüber anderen Bewerbern behaupten. Sie reichen also nicht irgendeine, sondern Ihre beste Arbeit ein.

Ihre Bewerbung muss aus der Masse hervorstechen. Wenn eine inserierende Firma 20 und mehr schriftliche Unterlagen zugestellt bekommt, trifft sie zunächst eine Grobauswahl. Dabei überprüft man in erster Linie, ob der berufliche Werdegang der Bewerber mit den Anforderungen der Stelle übereinstimmt. Das ist eine mühsame Arbeit. Wenn daher ein Dossier schon rein äusserlich unsauber und unübersichtlich präsentiert wird, sieht der Personalchef womöglich den Lebenslauf gar nicht mehr an. Der Kandidat fällt vorzeitig aus dem Rennen.

Sie müssen also die Aufmerksamkeit auf sich ziehen, aber trotzdem gewisse Spielregeln einhalten. Senden Sie eine vollständige Bewerbung, welche informativ, nicht zu umfangreich und sachlich ist. Nehmen Sie Bezug auf die Anforderungen im Inserat und gestalten Sie Ihren Lebenslauf, vor allem aber das Bewerbungsschreiben, danach. Zeigen Sie dem Leser, dass Sie sich mit seinem Angebot auseinandergesetzt haben, und machen Sie ihm klar, warum Sie die gesuchte Frau oder der gesuchte Mann sind.

Effektvolle Bewerbungen verfassen kostet viel Zeit. Trotzdem:

Auch wenn Sie schon die vierzehnte Bewerbung tippen, sollten Sie in der Qualität nicht nachlassen. Sie könnten genau in diesem Fall die Stelle Ihres Lebens verpassen!

Was enthält eine vollständige Bewerbung?

Natürlich gehen die Meinungen darüber auseinander, was unter einer vollständigen Bewerbung zu verstehen ist. Die hier aufgelisteten Unterlagen werden in Personalfachkreisen üblicherweise erwartet und liefern die Entscheidungsgrundlagen für eine Grobauswahl:

- Bewerbungsschreiben
- tabellarischer Lebenslauf
- Kopien sämtlicher Arbeitszeugnisse (senden Sie nie Originale, da sie verlorengehen können)
- Kopie des Berufs- oder Universitätsabschlusses
- Kopien der Diplome (erster und zweiter Bildungsweg)
- eventuell Handschriftprobe (wenn Sie das Bewerbungsschreiben nicht handschriftlich verfasst haben); eine A4-Seite auf unliniertem Papier, versehen mit Ihrer Unterschrift
- drei oder mehr Referenzangaben, mit Vorteil frühere Vorgesetzte

Weitere Unterlagen können nach Ermessen – oder auf Verlangen – mitgeschickt werden, wie zum Beispiel:

- Kopien der Schul- und Ausbildungszeugnisse inklusive Abschlussnoten (in der Regel nur bei Erststellen direkt nach der Ausbildung)
- Foto (aktuelles Passbild, keine Privataufnahmen)
- Leumundszeugnis (zu beziehen auf der Gemeindeverwaltung Ihres Wohnortes)
- Auszug aus dem Zentralstrafregister (Bezugsadresse siehe Anhang)
- Kopien von Endjahresqualifikationen und Beförderungsschreiben

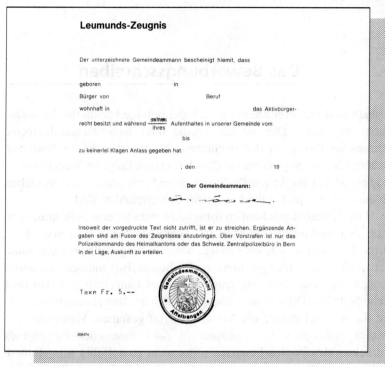

Leumundszeugnis

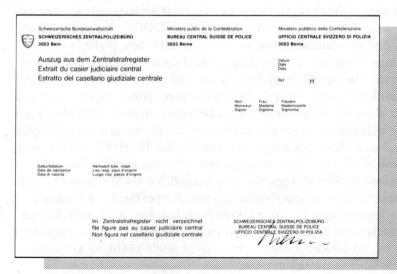

Auszug aus dem Zentralstrafregister

Das Bewerbungsschreiben

Weshalb sind Sie Ihrer Meinung nach die richtige Person für die ausgeschriebene Stelle? Dies ist das Thema Ihres Bewerbungsschreibens. Nehmen Sie Bezug auf das erschienene Inserat (Angabe der Position), erwähnen Sie die Schwerpunkte Ihrer bisherigen Tätigkeit, Weiterbildung und besondere Fähigkeiten, die Sie für diese Stelle prädestinieren. Geben Sie auch an, wo und wann Sie telefonisch erreichbar sind.

Das Bewerbungsschreiben sollte nicht mehr als eine Seite umfassen, wenn es maschinengeschrieben ist. Schreiben Sie jedoch von Hand, dürfen Sie zwei Seiten verwenden. Viele Firmen verlangen ein handschriftliches Bewerbungsschreiben. In diesem Fall müssen Sie damit rechnen, dass die Firma ein graphologisches Gutachten erstellen lässt (siehe Seite 75). Oft will man allerdings auch nur Ihre Handschrift sehen und die Art und Weise, wie Sie einen Brief gestalten. Verwenden Sie weisses, unliniertes Schreibpapier in A4-Grösse oder Ihr eigenes bedrucktes Briefpapier. Letzteres sollte nicht zu auffällig sein (Büttenrand, grelle Farben usw.). Vermeiden Sie Schreibfehler, vor allem Durchstreichen, Radieren oder Verbessern, denn dies macht einen denkbar schlechten Eindruck. Es lohnt sich, den Brief noch einmal zu schreiben.

Das Bewerbungsschreiben ist ein Werbebrief für Ihre eigene Person. Es darf also durchaus einen persönlichen Stil haben. Und es sollte beim Adressaten etwas auslösen: Dies ist höchstwahrscheinlich die gesuchte Person. Die Grundhaltung sollte positiv und auf die Zukunft ausgerichtet sein. Unterlassen Sie es deshalb, Kündigungsgründe zu erwähnen und vor allem die Schuld dafür dem Arbeitgeber zuzuschieben. Auch wenn Sie psychisch in einer sehr schlechten Verfassung sind (zum Beispiel, weil man Ihnen gekündigt hat), machen Sie für sich keine Werbung, wenn Sie Ihr Schicksal beklagen oder über das Leben philosophieren. Bleiben Sie kurz und geschäftlich. Anlässlich eines Vorstellungsgespräches können Sie einem verständnisvollen Partner Ihre Enttäuschung über die gegenwärtige Situation immer noch kundtun. Aber auch dort gilt: Sprechen Sie nicht zu lange und zu negativ über die Firma, man wird sich sonst berechtigterweise über Ihre Loyalität künftigen Arbeitgebern gegenüber Gedanken machen.

Musterbeispiele für Bewerbungsschreiben

Hanspeter Meier
Blumenweg 2
8000 Zürich

Kosmetik AG
Frau P. Müller
Zürichstrasse 25
4000 Basel

Zürich, 20. Februar 1994

Sales Manager

Sehr geehrte Frau Müller

Ihre Anzeige in der "Neuen Zürcher Zeitung" vom 19. Februar hat mich sehr angesprochen, und ich bewerbe mich um diese Position. In der Beilage erhalten Sie meine Bewerbungsunterlagen, welche Ihnen über meine berufliche Ausbildung und meine Erfahrungen Auskunft geben.

Als erfolgreicher "Markenartikler" der pharmazeutischen Branche mit nationaler und internationaler Erfahrung in führenden Linien- und Stabsfunktionen bin ich überzeugt, Ihren Anforderungen zu entsprechen. Seit drei Jahren bin ich Verkaufs- und Marketingleiter der Firma XYZ und für die Länder Deutschland und Österreich zuständig. In dieser Funktion zeichne ich verantwortlich für einen Umsatz von 150 Millionen Schweizerfranken und einen Mitarbeiterstab von 20 Leuten.

Gerne bin ich bereit, Ihnen in einem persönlichen Gespräch weitere Informationen über meine Person sowie meine Gründe zum Stellenwechsel zu geben. Ich erwarte gerne Ihren positiven Bericht und freue mich auf ein Gespräch. Sie erreichen mich über meine direkte Geschäftsnummer (01/210 17 23) oder nach 19 Uhr zu Hause (01/815 30 11).

Mit freundlichen Grüssen

Hanspeter Meier

Beilagen:
Curriculum vitae
Zeugniskopien
Handschriftprobe

Maschinengeschriebene Bewerbung (nur eine Seite)

Maya Müller
Baumgasse 15
8400 Winterthur

Herrn G. Huber
Handels-AG
Bahnhofstrasse 57
8000 Zürich

Winterthur, 18. Januar 1992

Ihr Inserat „Buchhalterin" im „Tages-Anzeiger"
vom 18. Januar 1992

Sehr geehrter Herr Huber

Die in Ihrem Inserat beschriebene Stelle einer Buchhalterin
in Ihrem Handelsbetrieb scheint genau meinen Fähigkeiten
und Vorstellungen zu entsprechen. Ich bewerbe mich deshalb
um diese Stelle und lege Ihnen Lebenslauf und Zeugniskopien bei. Sie zeigen Ihnen, dass ich unter anderem
Erfahrung als Alleinbuchhalterin in einem internationalen
Handelsbetrieb mitbringe und absolut bilanzsicher bin.
Zur Zeit arbeite ich am eidgenössischen Buchhalterdiplom
und werde im Frühling abschliessen. Ich bin überzeugt,
dass ich die dabei erworbenen Kenntnisse in Ihrem
Unternehmen gewinnbringend einsetzen kann. Mein Englisch
ist nicht perfekt, ich bin jedoch gerne bereit, meine

Handschriftliche Bewerbung

Kenntnisse in einem Intensivsprachkurs umgehend aufzufrischen.

Für ein persönliches Gespräch oder für weitere Auskünfte stehe ich Ihnen jederzeit gerne zur Verfügung. Da ich in ungekündigter Stellung bin, bitte ich Sie um Diskretion. Sie erreichen mich telefonisch leider nur abends ab 18.00 Uhr (Tel. 052/35 16 87). Bitte prüfen Sie meine Bewerbung. Ihren positiven Bescheid erwarte ich mit Interesse.

Mit freundlichen Grüssen

Maya Müller

Beilagen erwähnt

Wie verfasst man einen Lebenslauf?

»Als drittes Kind des Hans Müller und der Eva Müller, geborene Meier, wurde ich am 12. September 1955 in Bern geboren ...«; solche Aufsätze sind heute nicht mehr üblich.

Gefragt ist ein *tabellarischer Lebenslauf* (Beispiel Seite 73 und 74). Dieser ist übersichtlich und erlaubt es dem Leser, sich innert kürzester Zeit ein Bild über den Bewerber und dessen Laufbahn zu machen. Quervergleiche mit anderen Kandidaten sind relativ einfach.

Der Lebenslauf beschränkt sich in der Regel auf die Personalien und auf den beruflichen Werdegang der Bewerberin oder des Bewerbers. Achten Sie auf genaue Zeitangaben bei den Daten von Stellenantritt und Austritt. Der professionelle Interviewer wird anhand der Zeugnisse die lückenlose Beschäftigung kontrollieren. Lücken in der Beschäftigung sind nicht unüblich, aber gehen Sie ehrlich damit um. Man vermutet sonst leicht schlimmere Gründe, als in Wirklichkeit dahinter stecken.

Alle weiteren privaten Angaben wie zum Beispiel Name und Beruf der Eltern und Geschwister sind freiwillig und nicht notwendig. Wenn sich jemand für diese oder andere persönliche Dinge interessiert, wird er Ihnen die entsprechenden Fragen anlässlich eines Vorstellungsgespräches stellen. Hingegen zeichnen Hinweise auf ausserberufliche Tätigkeiten (Musik, Sport usw.) ein genaueres Bild Ihrer Persönlichkeit und zeigen Ihre vielseitigen Interessen und Fähigkeiten.

Referenzen

Wenn Sie sich um eine neue Stelle bewerben, müssen Sie damit rechnen, dass Auskünfte über Sie eingeholt werden. Es wird erwartet, dass Sie in Ihrem Lebenslauf drei oder mehr Personen angeben, welche Sie und Ihre Arbeitsweise kennen und an die sich ein zukünftiger Arbeitgeber wenden kann. Auf jeden Fall sollten Sie diese Personen vorher fragen,

L E B E N S L A U F

Personalien
Name   Brunner
Vorname   Hans
Adresse   Eidmattstrasse 285
              3000 Bern
Telefon   031/24 35 46
Geburtsdatum 14.1.1960
Zivilstand   verheiratet
Kinder   2 (1988, 1990)
Militär   Std Motf, Sch Füs Kp IV/255

Schulen
1967-1973   Primarschule Bern
1973-1976   Sekundarschule Bern

Berufsausbildung
4.1976-4.1979 Kaufmännische Handelsschule Bern
4.1981-4.1984 HWV Zürich

Berufstätigkeit
4.1976-4.1979 Kaufmännische Lehre bei der XYZ AG, Bern
5.1979-3.1981 Kaufmännischer Angestellter in der Ver-
               kaufsabteilung der ABC AG, Ostermundigen
               (unterbrochen durch RS)
5.1984-8.1987 Marketing-Assistent Schweizer Markt
               Verantwortung:
               - Konkurrenzanalysen
               - Einführung neuer Produkte in Zusammen-
                 arbeit mit dem Marketing-Planning
               QRS AG, Zürich
9.1987-3.1989 Product Manager Schweizer Markt
               3 Mitarbeiter
               Verantwortung:
               - Gestaltung neuer Produkte-Linien
               - Einführung derselben in der Schweiz
               - Verkaufstraining des Aussendienstes
                 sowie der Depositäre
               in derselben Firma

Muster eines tabellarischen Lebenslaufs

4.1989 - heute Verkaufsleiter Europa
15 Mitarbeiter
Verantwortung:
- Umsatzvolumen von 10 Millionen Schweizerfranken
Firma TUV, Zug

<u>Weiterbildung</u>

1987   System-Marketing-Seminar am Forschungsinstitut für Absatz und Handel der Hochschule St. Gallen

1989   Englisch-Intensivkurs der Imaka Zürich

1991 - 1993   Diverse PC-Kurse (Excel, Winword)

<u>Sprachen</u>
Deutsch   Muttersprache
Französisch   fliessend
Englisch   fliessend
Italienisch   mündliche Kenntnisse

<u>Eintritt</u>   3 Monate Kündigungsfrist

<u>Salär</u>   nach Vereinbarung

<u>Berufliche Zielsetzung</u>
Suche Führungsaufgabe in Verkauf oder Marketing Europa,
evtl. im Einkauf. Umsatzverantwortung: 20 bis 30 Millionen Schweizerfranken. Bevorzugte Branche: Technische
Investitionsgüter. Maximal 20 Prozent Reisetätigkeit.

ob Sie sie als Referenzen nennen dürfen. Am geeignetsten sind Führungskräfte, unter denen Sie gearbeitet haben, oder militärische Vorgesetzte. Die Referenzen sind ein problematisches Kapitel, vor allem in bezug auf den Persönlichkeitsschutz des Stellensuchenden. Als Bewerber können Sie sich nicht darauf verlassen, dass tatsächlich nur bei jenen Leuten nachgefragt wird, die Sie angegeben haben. Ebenfalls können Sie nicht darauf zählen, dass sich die eingeholten Auskünfte auf Ihre berufliche Qualifikation beschränken. Die meisten Referenzpersonen werden telefonisch angefragt, so dass Sie auch kaum je erfahren werden, was über Sie geredet wurde. Dies kann für Sie zum Problem werden, wenn Sie im Unfrieden aus der früheren Firma ausgeschieden sind. Während das Gesetz dem Arbeitnehmer auch nach Beendigung des Arbeitsverhältnisses eine Schweigepflicht auferlegt, ist es dem Arbeitgeber nicht verboten, über Sie «auszupacken».

Bewerber sitzen in dieser Beziehung eindeutig am kürzeren Hebel. Es gibt kein Patentrezept, wie man sich gegen ungünstige und vor allem unwahre Auskünfte – auch das gibt es leider – früherer Chefs schützen kann. Falls Sie sich noch im ungekündigten Arbeitsverhältnis befinden, bitten Sie auf jeden Fall um Diskretion. Aber auch sonst können Sie in Ihrem Bewerbungsschreiben darum ersuchen, dass vor einem ersten persönlichen Gespräch mit Ihnen keine Auskünfte eingeholt werden sollten. Anlässlich eines solchen Gespräches können Sie dann auf frühere Auseinandersetzungen mit Ihren Vorgesetzten hinweisen und kurz begründen, weshalb von der einen oder anderen Seite keine objektive Auskunft zu erwarten ist.

Handschriftprobe und graphologisches Gutachten

Graphologische Gutachten sind umstritten. Die einen finden, Graphologie sei unwissenschaftlich und stelle einen unerlaubten Eingriff in die Privatsphäre eines Menschen dar, während die andern davon überzeugt sind, dass die Deutung der Handschrift eines der wichtigsten Instrumente für die Auswahl von Mitarbeitern sei. Die Praxis sollte irgendwo in der Mitte liegen.

**Müssen Bewerbungsunterlagen
zurückgegeben werden?**
Eine Firma ist verpflichtet, die ihr von Stellensuchenden zur Verfügung gestellten Unterlagen sorgfältig aufzubewahren und diskret zu behandeln. Sie bleiben im Eigentum des Bewerbers. Nach Auffassung von Professor Manfred Rehbinder von der Universität Zürich führen Verlust und Beschädigung bei unsorgfältiger Behandlung zur Schadenersatzpflicht. Kommt das Anstellungsverhältnis nicht zustande, sind die im Eigentum des Bewerbers stehenden Unterlagen mit Ausnahme des Bewerbungsschreibens diesem wieder auszuhändigen. Andere Unterlagen, welche der Arbeitgeber erstellen liess (Eignungstests, graphologische Gutachten, Personalfragebogen usw.) kann der Bewerber hingegen nicht verlangen.

Unter Personalfachleuten hat sich während Jahren gezeigt, dass die graphologische Beurteilung der Handschrift ein hilfreicher Baustein in der Gesamtbeurteilung des Menschen ist und mithelfen kann, den Bewerber seinen Fähigkeiten entsprechend einzusetzen. Der Wert eines graphologischen Gutachtens steht und fällt allerdings mit der Qualifikation des Graphologen.

Dieser Beruf ist in der Schweiz nicht geschützt, das heisst, jedermann kann sich Graphologe nennen und auch als solcher tätig sein, ob er einen dreiwöchigen Schnellkurs besucht, ein Buch über Graphologie gelesen oder auch keines von beiden getan hat. Es gibt gute Ausbildungen, zum Teil auch an den Universitäten, häufig in Verbindung mit Psychologie. Holt sich ein Absolvent einer dieser Ausbildungsgänge anschliessend bei seriösen Fachleuten eine *mehrjährige Erfahrung,* darf man annehmen, dass man es mit einem guten Graphologen zu tun hat. Sehr gut kann er aber erst sein, wenn er zehn oder mehr Jahre Graphologie betrieben hat und sich so genügend oft in seinen Äusserungen und Annahmen bestätigen bzw. korrigieren konnte.

Bei einem graphologischen Gutachten geht es immer um die Abklärung der Eignung des Schreibers für einen bestimmten Posten. Es wird also nicht der Charakter des Menschen im allgemeinen analysiert, sondern die Veranlagung wird mit den spezifischen Anforderungen der zu besetzenden Stelle verglichen. Der Graphologe kommt somit ausschliesslich zu zwei Schlussfolgerungen: Der Kandidat ist für den Posten geeignet, oder er ist nicht geeignet. Im negativen Fall heisst dies nicht, dass es sich um eine grundsätzlich schlecht qualifizierte Person handelt. Ihre Fähigkeiten und Veranlagungen prädestinieren sie eben für eine andere Aufgabe. Ein gutes graphologisches Gutachten leistet auch dem Kandidaten wertvolle Dienste. Es verhindert einen Misserfolg, indem

Graphologisches Gutachten

über die Schrift von   Martha Huber
Bewerbung   als Assistentin
                      eines Personal- und Schulungsleiters

Diese Kandidatin macht einen sowohl vernünftigen, urteilsfähigen wie auch umgänglichen und einfühlungsbegabten Eindruck, so dass gewiss von einer gereiften, ausgewogenen und differenzierten Wesensart gesprochen werden darf. Dagegen scheint sie weder sehr vital noch sonderlich originell und selbstbewusst zu sein. Ein intellektueller und opportunistischer Wesenseinschlag ist denn auch unverkennbar.

Fähigkeiten und Verhaltensweise

    Das Begabungsspektrum der Schrifturheberin ist breit und durchaus förderungswürdig. Sie hat Übersicht, ist logisch, abstraktionsfähig und zugleich gewandt und einfallsreich in ihrem Denken und strebt nach Objektivität und Zweckmässigkeit. Nicht nur administrativ und organisatorisch, sondern auch beraterisch und psychologisch sind ihr recht gute Leistungen zuzumuten. Das gilt um so mehr, als sie ausserdem besonnen, selbständig und verantwortungsbewusst zu arbeiten pflegt. Auch an Fleiss und Sachinteresse besteht kein Mangel, doch dürften dafür der Belastbarkeit und der Durchsetzungskraft gewisse Grenzen gesetzt sein. Die Bewerberin ist im Tiefsten labiler und stimmungsabhängiger, als es scheint.
    Die Umgangsformen der Schrifturheberin sind sachlich, taktvoll und elastisch, freilich ein wenig zu Ungunsten der persönlichen Prägnanz und Eindeutigkeit. Ihr vorzügliches Identifizierungsvermögen ist nun einmal mit einem spürbaren Defizit an Eigengesetzlichkeit verbunden. Sie hat daher bei aller Seriosität und Aufgeschlossenheit etwas Unfassbares und Unverbindliches an sich. Aber gerade solche Menschen verstehen mit den verschiedensten Leuten umzugehen, weil sie ihren Standpunkt relativieren können. Allerdings sind bei einer derartigen Mentalität gelegentlich Widersprüche nicht ausgeschlossen.

Schlussfolgerung

    Der Gutachter hält es für möglich, dass die Bewerberin den Anforderungen der zu erfüllenden Aufgaben gewachsen wäre.

Beispiel eines graphologischen Gutachtens

es zum Beispiel davon abrät, den 35jährigen Familienvater erstmals in einer Verkaufsaufgabe zu engagieren – wenn er für den Verkauf überhaupt nicht geeignet ist.

Graphologie und Persönlichkeitsschutz

Soll oder muss man als Bewerberin oder Bewerber seine Handschrift für eine graphologische Analyse zur Verfügung stellen, und wenn ja, hat man mindestens Anrecht auf Einsicht in das Gutachten? Gemäss dem im Juli 1993 in Kraft getretenen neuen Datenschutzgesetz hat man das Recht zur Einsichtnahme in Datensammlungen über einen selbst. Dies müsste auch auf graphologische Gutachten zutreffen. Schon in einer 1985 erschienen Dissertation über Rechtsprobleme der Personalakte wird davon ausgegangen, dass graphologische Gutachten nur mit dem Einverständnis der Betroffenen eingeholt werden dürfen und dass diese das Recht haben müssen, das Gutachten einzusehen.

Wenn man von Ihnen eine Handschriftprobe oder eine handschriftliche Bewerbung verlangt, dürfen Sie daher auf jeden Fall um Einsicht oder eine Kopie des Gutachtens bitten. Aufgeschlossene und psychologisch versierte Personalfachleute werden das Gutachten mit Ihnen besprechen.

Welche Bedeutung haben Arbeitszeugnisse?

Jeder Mitarbeiter hat das gesetzliche Recht, *jederzeit* von seinem Arbeitgeber ein Zeugnis zu verlangen, welches sich über seine Leistungen und sein Verhalten ausspricht. Normalerweise werden Zeugnisse beim Austritt aus der Arbeitgeberfirma abgegeben. Ein vollständiges Zeugnis enthält folgende Punkte:

- Zeit der Anstellung (von ... bis ...)
- ausführliche Beschreibung des Aufgabenbereiches (einschliesslich genauer Bezeichnung der Position)
- hierarchische Stellung
- Beförderung und Versetzung mit Datum
- fachliche und persönliche Leistungsbeurteilung
- Beurteilung des Verhaltens
- eventuell Grund des Austritts

Ein Zeugnis gibt somit umfassend Auskunft über die berufliche Tätigkeit und Entwicklung des Mitarbeiters in dieser Firma. Meist wird auch das Unternehmen etwas näher beschrieben, um dem Leser über das Umfeld und die Wichtigkeit der Position Aufschluss zu geben. Das Zeugnis ist auch der Beweis dafür, dass der Bewerber tatsächlich so und so viele Jahre in der Firma verbracht hat, sowie für seine fachliche Kompetenz. Es ist selbst Ausdruck dessen, wie ein Chef den austretenden Mitarbeiter während der Kündigungszeit erlebt hat. Ein Vorgesetzter meinte einmal zu einem seiner Angestellten: «Ihr *gutes* Zeugnis holen Sie sich mit Ihrem Verhalten während der Kündigungszeit!» Zeugnisse sind wichtigste Dokumente und sollten daher sorgfältig aufbewahrt werden. Wenn doch einmal eines verlorengeht, sollten Sie beim ehemaligen Arbeitgeber eine Kopie anfordern.

Viele Arbeitnehmer betrachten Arbeitszeugnisse mit grossem Misstrauen, da sie gehört haben, es gebe einen Code oder gar eine Geheimsprache, mit welcher sich Personalchefs untereinander verständigen. Daran ist etwas Wahres. Gemäss gefestigter Rechtspraxis müssen Arbeitszeugnisse wahr sein und frei von jeder zweideutigen Formulierung. Trotzdem haben sie ihre eigene Sprache. Personalfachleute haben

Was sagt mein Arbeitszeugnis wirklich aus?

Die Kunst, Arbeitszeugnisse zu interpretieren, besteht darin, zwischen den Zeilen zu lesen. Im folgenden einige Beispiele von gebräuchlichen Wendungen mit der zugehörigen Interpretation (Quelle: Arbeitgeberzeitung Nr. 46, 1979). Nicht jeder Arbeitgeber indessen kennt den Code und fasst seine Zeugnisse danach ab.

Zeugnistext	*Interpretation*
Keinerlei Bemerkungen über die Leistungen und das Verhalten.	Es kann angenommen werden, dass sowohl Leistung wie Betragen nicht befriedigten.
Lediglich Bemerkungen über das Verhalten.	Es ist wahrscheinlich, dass die Leistungen nicht befriedigten.
Lediglich Bemerkungen über die Leistungen.	Wir müssen annehmen, dass das Verhalten nicht den Erwartungen und Gepflogenheiten entsprach.
«Seine Leistungen waren zufriedenstellend.»	Die Leistungen genügten knapp, sie hätten besser sein können.
«Mit seinen Leistungen waren wir zufrieden ...»	Normale Leistung, lag im grossen Durchschnitt.
«... zu unserer vollen Zufriedenheit» oder «seine Leistungen waren gut ...»	Er war ein guter Mitarbeiter.
«Seine Leistungen waren überdurchschnittlich ...» oder «... zur vollsten Zufriedenheit ...»	Der Mitarbeiter war über dem Durchschnitt, man lässt ihn nur ungern ziehen.
Keine Bemerkungen über den Austrittsgrund.	Es besteht die Möglichkeit, dass er «gefeuert» wurde.
Der Austritt erfolgte im gegenseitigen Einverständnis.	Man ist wahrscheinlich froh, dass der Mitarbeiter ausgetreten ist.
Der Austritt erfolgt auf eigenen Wunsch.	Es handelt sich um einen normalen Austritt, der keine besonders grosse Lücke hinterlässt.
Der Austritt wird bedauert.	Man verliert diesen Mitarbeiter nur ungern, er war tüchtig.
Der Austritt wird sehr bedauert.	Der Mitarbeiter war sehr tüchtig, er hinterlässt eine empfindliche Lücke.

einen Modus gefunden, schlechte Leistungen eines Mitarbeiters zu umschreiben, ohne dass die Formulierungen auf den ersten Blick negativ tönen. Wichtig ist auch, was *nicht* im Zeugnis steht. Wenn Sie Ihr Zeugnis interpretieren wollen, so achten Sie zunächst darauf, ob es vollständig ist. Wurden alle Ihre Aufgaben und Verantwortlichkeiten aufgeführt? Äussert es sich zum Verhalten *und* zur Leistung? Wenn das fröhliche Wesen eines Arbeitnehmers und seine Freundlichkeit über den Klee gelobt werden, während sich das Zeugnis über seine Leistungen ausschweigt, dann muss ein Personalchef annehmen, dass der Betreffende für die Firma punkto Arbeitsleistung keinen grossen Gewinn darstellte. Möglicherweise hat er seine Arbeitszeit vielmehr mit Plaudern und Sprücheklopfen verbracht.

Zweideutige Formulierungen

Zum Gebot der Klarheit und Unzweideutigkeit des Zeugnisinhaltes äusserte sich das Arbeitsgericht Zürich. Ein Arbeitnehmer erhielt beim Austritt ein Zeugnis, worin folgender Satz stand: «Herr X bemühte sich, die ihm übertragenen Arbeiten bestens zu erledigen.»

Die Wendung «… bemühte sich» ist in Personalfachkreisen weit verbreitet, wenn es darum geht, eine mangelhafte Leistung zu umschreiben. Das Arbeitsgericht Zürich jedoch meinte dazu: «Die Formulierung, der Kläger habe sich bemüht, sagt zwar etwas über die Einstellung und den Leistungswillen des Klägers, hingegen nichts über die tatsächlich erbrachte Leistung aus. Gerade das Fehlen einer solchen Qualifikation wirkt sich im Kontext negativ aus; jedem Personalchef fällt dieser Nebensinn auf. Unter diesem Gesichtspunkt verstösst das vorliegende Zeugnis gegen das Gebot der Klarheit und Unzweideutigkeit des Zeugnisinhaltes.»

Das Gericht kam zum Schluss, dass der Arbeitgeber zwar nicht verpflichtet werden kann, im Zeugnis zu bestätigen, er sei mit den Leistungen des Arbeitnehmers zufrieden gewesen, denn der Ausdruck der Zufriedenheit sei eine subjektive Meinungsäusserung. Hingegen seien die Leistungen des Angestellten «als gut zu qualifizieren, wenn keine erheblichen Vorwürfe gegen ihn vorliegen».

Der Arbeitgeber wurde verpflichtet, die beanstandete Formulierung im Zeugnis des Klägers in folgenden Satz abzuändern: «In beiden Funktionen waren seine Leistungen gut.»

Denken Sie jedoch daran: Zeugnisse werden nicht immer von Fachleuten geschrieben, sondern auch von Handwerksmeistern, Geschäftsführern oder andern höheren Kaderleuten, die sich mit der typischen «Zeugnissprache» genausowenig auskennen wie viele Arbeitnehmer. Solche Zeugnisse sind entweder sehr persönlich oder sehr allgemein formuliert. Wenn Sie also mit Ihrem Zeugnis nicht zufrieden sind, dann sprechen Sie zunächst mit Ihrem Vorgesetzten darüber. Möglicherweise hat er sich gar nichts Böses dabei gedacht, als er seine Formulierungen wählte.

Falls Sie mit Ihrem Arbeitgeber keine Einigung erzielen können, haben Sie notfalls die Möglichkeit, Ihr Zeugnis auch beim Arbeitsgericht

Herrn
Fritz Schärrer
Seestrasse 17
8000 Zürich

Zürich, 31. Januar 1992

A R B E I T S Z E U G N I S

Herr Fritz Schärrer, geboren am 15. Mai 1968, von Bümpliz, war vom 15. August 1988 bis heute als Disponent und kaufmännischer Sachbearbeiter in unserer Verkaufsabteilung tätig.

Das Aufgabengebiet von Herrn Schärrer umfasste den telefonischen und schriftlichen Kontakt zu unseren Kunden sowie die gesamte Koordination und Abwicklung der Aufträge vom Posteingang bis zur Rechnungsstellung. Schon bald konnte er als Stellvertreter der Innendienstleiterin unserer Verkaufsabteilung eingesetzt werden.

Wir lernten Herrn Schärrer als ernsthaften, zuverlässigen und interessierten Mitarbeiter kennen, der die ihm übertragenen Arbeiten verantwortungsbewusst, selbständig und zu unserer vollen Zufriedenheit erledigte. Sein Umgang mit Kollegen, Vorgesetzten und Kunden war jederzeit angenehm und korrekt.

Herr Schärrer verlässt uns auf eigenen Wunsch, um sich in der Westschweiz beruflich weiterzubilden. Wir bedauern seinen Austritt sehr, danken ihm für die geleistete Arbeit und wünschen ihm für die Zukunft alles Gute und viel Erfolg.

Büro AG

Verena Koller

Gutes Arbeitszeugnis

anzufechten. Diese Prozesse sind in der Regel gratis, haben aber nur dann einen Sinn, wenn Sie die Unwahrheit oder Zweideutigkeit des Zeugnisses nachweisen können.

Sie haben gemäss Obligationenrecht auch das Recht, eine einfache Arbeitsbestätigung zu verlangen, welche im Gegensatz zum Zeugnis lediglich über die Art und Dauer des Arbeitsverhältnisses Auskunft gibt, jedoch keine Qualifikationen enthält.

Doch aufgepasst: Eine Arbeitsbestätigung wird in der Praxis immer negativ bewertet. Personalverantwortliche wissen, dass in solchen Fällen das Arbeitsverhältnis unter unglücklichen Umständen aufgelöst wurde. Entweder gaben persönliche Auseinandersetzungen den Anlass dazu oder disziplinarische Vergehen des Arbeitnehmers. Der Arbeitgeber wollte dem Angestellten nichts Negatives nachsagen und beschränkte sich daher auf eine kurze, nichtssagende Arbeitsbestätigung. Vor allem bei einer Anstellungsdauer von mehreren Jahren hat die Arbeitsbestätigung einen viel negativeren Aussagewert als ein schlechtes bis mittelgutes Zeugnis. Bestehen Sie deshalb nicht auf einer Arbeitsbestätigung. Sie schaden sich mehr, als Sie sich nützen.

```
                          Frau
                          Rita Mettler
                          Zürcherstrasse 5
                          8400 Winterthur


                          Zürich, 30. Juni 1991


ARBEITSBESTÄTIGUNG

Wir bestätigen, dass Frau Rita Mettler, geboren am 10.
Mai 1967, von Basel, vom 15. Februar 1990 bis heute als
Disponentin und kaufmännische Sachbearbeiterin in unse-
rer Verkaufsabteilung tätig war.

Frau Mettler betreute hauptsächlich unser Verkaufstele-
fon und half bei der Erledigung einfacher Korrespondenz
mit.

                          Handels AG
                          M. K. L
                          Markus Peter
```

Beispiel für eine Arbeitsbestätigung

Die unaufgeforderte Bewerbung

Die unaufgeforderte Bewerbung ist ein «Versuchsballon». Sie bitten eine Firma zu prüfen, ob sie Ihnen nicht eine Ihren Fähigkeiten entsprechende Stelle offerieren kann. Der Erfolg dieses Vorgehens hängt im wesentlichen davon ab, ob Sie den richtigen Zeitpunkt erwischen.

Unaufgefordert bewerben Sie sich vor allem dann, wenn Sie viel Zeit zur Stellensuche haben und wenn nur ganz bestimmte Firmen für Sie in Frage kommen. Auch wenn Sie darauf angewiesen sind, in einer begrenzten Region eine Stelle zu finden, ist es ratsam, die ortsansässigen Unternehmen einmal unverbindlich anzuschreiben. Vor allem Firmen ausserhalb der grossen Wirtschaftszentren stellen gerne Mitarbeiter an, die in der Nähe wohnen.

Natürlich ist die unaufgeforderte Bewerbung auch eine flankierende Massnahme, wenn Sie unter Zeitdruck eine passende Stelle finden müssen. Die interessanten Firmen kennen Sie aufgrund Ihrer Berufserfahrung oder dank einer sorgfältigen Marktabklärung (siehe Seite 29).

Senden Sie eine vollständige Bewerbung (siehe Seite 66), und adressieren Sie sie an die Geschäftsleitung im Fall einer kleineren Firma oder an die Personalabteilung, wenn es sich um eine Grossfirma handelt.

Ob Sie mit der Bewerbung Erfolg haben, hängt davon ab, ob die Firma gerade eine passende Vakanz aufweist. Wenn ja, sind Sie in einer komfortablen Lage, da Sie es mit keinen oder nur wenigen Mitbewerbern zu tun haben. Aber auch im negativen Fall wird die Firma Ihre Unterlagen allenfalls behalten und auf Sie zurückkommen, wenn sich eine Möglichkeit ergibt. Die meisten Firmen schätzen solche Anfragen. Schliesslich geben Sie dadurch zu erkennen, dass Sie sich mit dem Unternehmen auseinandergesetzt haben; und kein Arbeitgeber reagiert ungehalten, wenn Sie ihm mitteilen, dass Sie gerne bei ihm einsteigen möchten.

Beispiele für unaufgeforderte Bewerbungen

```
Jürg Frei
Obere Gasse 12
8400 Winterthur

                          Direktion der
                          Electronica SA
                          Fröhlichstrasse 195
                          9000 St. Gallen


                          Winterthur, 20. Januar 1994

Sehr geehrte Damen und Herren

Aus verschiedenen Gründen will ich mich in absehbarer
Zeit beruflich verändern. Ihr Unternehmen ist mir aus
meiner bisherigen Tätigkeit in derselben Branche ein
Begriff, und ich bin auch mit Ihrer Produktepalette
bestens vertraut.

Ich möchte Sie deshalb anfragen, ob momentan oder in
absehbarer Zeit in Ihrer Service-Abteilung eine Vakanz
neu zu besetzen ist. Neben einer fundierten Ausbildung
bringe ich auch über vier Jahre Erfahrung im Service
von verschiedenen Geräten (siehe beiliegende Stellenbe-
schreibung) mit. Alle weiteren Einzelheiten zu meiner
Person finden Sie im Lebenslauf.

Selbstverständlich stehe ich Ihnen auch persönlich für
weitergehende Auskünfte über meine bisherige Berufs-
laufbahn und meine Ziele zur Verfügung. Aus Diskreti-
onsgründen bitte ich Sie, nur über meine Privatadresse
Kontakt aufzunehmen. Für Ihre Bemühungen und Ihre Ant-
wort danke ich Ihnen zum voraus sehr.

                          Mit freundlichen Grüssen



                          Jürg Frei

Beilagen
```

Unaufgeforderte Bewerbung

Beatrice Wirz
Müllerstrasse 24
4000 Basel

Verkaufs- und Beratungs-AG
Personalabteilung
Lerchenhalde 318
4000 Basel

Basel, 10. März 1994

<u>Aussendienst</u>

Sehr geehrte Damen und Herren

Seit mehreren Jahren bin ich erfolgreich im Verkauf von
Haushaltmaschinen bei der Firma XYZ AG tätig und bin
hier für das Gebiet der Nordostschweiz zuständig.

Unsere Firma wird per 1. März 1992 in die ABC-Holding
als weitere Tochterfirma integriert. Dies hat zur
Folge, dass die einzelnen Verkaufsgebiete im Aussendienst doppelt besetzt sind. Es ist damit zu rechnen,
dass ich als Dienstjüngere und Junior-Verkäuferin vom
neuen Firmenbesitzer nicht weiter beschäftigt werde.
Aus diesem Grund suche ich eine neue Stelle.

Ihre Firma ist mir als führender Hersteller von kurzle-
bigen Konsumgütern und als alteingesessenes Basler Unternehmen bestens bekannt. Ich gelange deshalb mit der
Anfrage an Sie, ob Sie in Ihrem Aussendienstteam nicht
eine weitere einsatzfreudige und kontaktbegabte Mitarbeiterin anzustellen gedenken. Ich kann Ihnen heute
schon versichern, dass ich meine bisherigen guten Erfolge im Verkauf auch bei Ihnen wieder neu unter Beweis
stellen werde.

Als Beilage sende ich Ihnen meinen Lebenslauf sowie
sämtliche Zeugniskopien. Für weitere Auskünfte stehe
ich Ihnen jederzeit gerne zur Verfügung. Ich freue mich
auf eine positive Antwort.

Mit freundlichen Grüssen

Beatrice Wirz

<u>Beilagen erwähnt</u>

Unaufgeforderte Bewerbung mit Grundangabe

Was tun, wenn die unaufgeforderte Bewerbung keinen Erfolg hat?

Bewerbungen auf gut Glück sind Versuchsballone, mehr nicht. Nehmen Sie Absagen daher nicht perönlich und lassen Sie sich auf keinen Fall entmutigen. Eine solche Absage hat nicht dasselbe Gewicht wie die Absage auf eine Bewerbung, welche Sie aufgrund eines Inserates eingereicht haben. Doch was tun, wenn Sie einige Zeit nach Ihrem erfolglosen Vorstoss in der Zeitung ein Inserat dieser Firma entdecken, welches genau Ihren Vorstellungen entspricht? Bewerben Sie sich noch einmal – trotz der seinerzeitigen Absage. Denken Sie nicht, die Tatsache, dass Sie sich schon einmal beworben hätten, sei für Sie negativ. Es wird kaum dieselbe Person sein, der Sie heute Ihre Bewerbung einreichen, und wenn dies doch der Fall sein sollte, hat sich die Situation inzwischen geändert. Sie können davon ausgehen, dass man Ihre Unterlagen nochmals sorgfältig prüfen wird.

Das Vorstellungs-
gespräch vorbereiten

Das Vorstellungsgespräch dient dem gegenseitigen Kennenlernen. Denken Sie daran, wenn Sie das bevorstehende Interview vorbereiten: Nicht nur der Bewerber muss Rede und Antwort stehen, sondern auch der zukünftige Arbeitgeber.

Die Praxis zeigt, dass viele Bewerber in der ersten Besprechung vor allem das Sich-Vorstellen-Müssen sehen und sich entsprechend verhalten. Sie geben Auskunft auf alle Fragen, die ihnen gestellt werden, und sind froh, wenn «es vorüber ist». Bevor Sie an ein Interview gehen, sollten Sie sich aber nicht nur überlegen: Was will die Firma von mir wissen? – sondern auch: Was will ich über die Firma und die ausgeschriebene Position in Erfahrung bringen?

Welche Informationen sollten Sie schon vorher zusammentragen?

Wenn Sie die Ratschläge in diesem Buch befolgt haben, dann wissen Sie bereits einigermassen, mit was für einem Unternehmen Sie es zu tun haben. Diese Kenntnisse sollten Sie sich vor dem Gespräch nochmals in Erinnerung rufen und ergänzen. Von einem Bewerber wird ein Minimum an Informationen über die Firma erwartet. Wenn Sie ein Maximum wissen, holen Sie schon die ersten Pluspunkte. Sie zeigen, dass Sie sich mit dem Betrieb auseinandergesetzt haben und über Ihre eigene Arbeit hinausdenken. Solche Mitarbeiter schätzt man.

Woher bekommt man Detailinformationen über eine Firma? Hier eine Liste von Möglichkeiten:

- Handelsregistereintrag (Handelsregisteramt)
- Ragionenbuch (Verlag Orell Füssli)
- «Kompass»* (Verzeichnis fast aller Firmen mit Beschrieb über Produkte, Grösse, Geschäftsleitungsmitglieder, Verwaltungsrat, Aktienkapital usw.)
- Geschäftsbericht (können Sie bei der Firma direkt anfordern)
- Verkaufskatalog (bei der Firma erhältlich)
- Firmenbroschüre (bei der Firma erhältlich)
- Bekannte, die bereits in dieser Firma arbeiten oder die geschäftlich mit ihr zu tun haben
- Jubiläumsschriften (in Bibliotheken, beim Unternehmen selber oder bei der Industrie- und Handelskammer erhältlich)
- Wirtschaftsteil der Tageszeitungen

Handelt es sich um eine neugegründete oder unbekannte Firma? Haben Sie über die finanzielle Situation Schlechtes gehört? Dann ist die Anfrage bei einer Wirtschafts- bzw. Kreditauskunftsfirma angebracht. Diese

---

* Erscheint alle zwei Jahre in der Kompass Schweiz Verlag AG, erhältlich im Buchhandel (teuer!), kann jedoch gratis in allen grösseren Postämtern in der ganzen Schweiz eingesehen werden.

Unternehmen (sowie die entsprechenden Abteilungen der Grossbanken) sind spezialisiert auf schnelles Recherchieren und können Ihnen für ein vernünftiges Honorar einen schriftlichen Bericht über Firmenbesitzer, Aktienkapital, steuerbares Einkommen der Firma, Tätigkeitsfeld, Anzahl Mitarbeiter, Vermögen usw. ausarbeiten.

Solche Auskünfte können Sie auch erst nach dem Gespräch einholen, sicher aber vor einer definitiven Entscheidung über eine Anstellung, vor allem wenn Sie sich an der Firma Ihres zukünftigen Arbeitgebers beteiligen wollen oder eine leitende Position mit Unterschriftsberechtigung übernehmen.

Was müssen Sie während des Vorstellungsgesprächs in Erfahrung bringen?

Das Vorstellungsgespräch bietet die einmalige Chance, mit einem Vertreter der Firma am selben Tisch zu sitzen und von ihm so viele Informationen zu bekommen, dass man die Stelle rundherum beurteilen kann. Nutzen Sie diese Chance! Nach dem Gespräch sollten Sie das Wesentliche wissen über:

- zukünftige Aufgabe, Verantwortung, Kompetenzen
- Arbeitsplatz
- Erwartungen an Ihre Person
- Firma, Firmengeschichte
- Organigramm, Einordnung Ihrer Stelle
- Firmen- und Personalpolitik
- Führungsstil Ihres Vorgesetzten
- Salär, Spesen usw.
- Sozialleistungen
- Arbeitszeit
- Weiterbildung
- Entwicklungsmöglichkeiten

Einige dieser Punkte wird der Interviewer selbst anschneiden. In den seltensten Fällen werden Sie aber umfassend informiert. Man überlässt es dem Bewerber, jene Fragen zu stellen, die für ihn wichtig sind. Einerseits um zu prüfen, ob er interessiert und kritisch ist, andererseits weil man sich in einem Vorstellungsgespräch auf gewisse Punkte konzentrieren muss und aus zeitlichen Gründen nicht über alles sprechen kann. Damit Sie in der Aufregung nicht Wesentliches vergessen, ist es ratsam, vor dem Gespräch eine Fragenliste zu erstellen. Am besten benutzen Sie bei allen Interviews dieselbe Liste, um Quervergleiche anstellen zu können. Ob Sie sich während des Gesprächs Notizen machen oder ob Sie die Liste unmittelbar nach dem Gespräch nachführen, hängt von Ihrer Methodik und Verfassung ab. Es ist aber immer empfehlenswert, Papier und Bleistift bei sich zu haben, um Wichtiges festhalten zu können. Fragen Sie auch nach Unterlagen, die man Ihnen zum Studium zu Hause mitgeben kann.

Wie kommen Sie zum Vorstellungsort?

Zu einem Vorstellungsgespräch müssen Sie pünktlich und möglichst entspannt erscheinen. Wenn man Sie auf 10 Uhr bestellt hat, heisst das nicht 10.05 Uhr, aber auch nicht 9.55 Uhr, sondern eben 10.00 Uhr. Unpünktliche Bewerber werden oft mit unpünktlichen Mitarbeitern gleichgesetzt. Wenn Sie als Begründung für eine Verspätung den Verkehr oder die Parkplatzsituation verantwortlich machen, wird man an Ihrem Organisationstalent und Ihrer Fähigkeit, zu planen und vorauszusehen, zweifeln. Überlegen Sie sich also am Vorabend genau, wie Sie zu der Firma gelangen, wie lange Sie brauchen und welche Verkehrsmittel am geeignetsten sind.

Weitere Unterlagen bereithalten

Auch wenn Sie eine vollständige Bewerbung eingereicht haben, kann es sein, dass man Sie während des Interviews zum Beispiel nach den Zeugnissen der letzten Schuljahre oder nach Arbeitsproben fragt. In gewissen Fällen möchte man auch Ihre Originalzeugnisse sehen, obwohl Sie die Kopien mit Ihrer Bewerbung mitgeschickt haben. Weitere Unterlagen können oder wollen Sie nicht mit der Bewerbung mitschicken, beispielsweise Empfehlungsbriefe von Kunden, Ihre Umsatzentwicklungen als Aussendienstmitarbeiter oder Verkaufsleiter (die nicht kopiert und weitergegeben werden dürfen) oder Qualifikationsblätter. Als Architekt, Zeichner, Fotograf, Grafiker oder Journalist usw. zeigen Sie vielleicht gerne Muster Ihrer besten Arbeiten. Im Gespräch können Sie diese Unterlagen vorweisen und erklären.

Bewerber, welche an ihrer jetzigen Stelle ein überdurchschnittlich hohes Salär beziehen, nehmen am besten eine Kopie der letzten Lohnabrechnung mit, um sich schriftlich ausweisen zu können. Verlangt wird dies nicht, es kann aber helfen, Diskussionen zu versachlichen.

Das Vorstellungsgespräch

Mit Ihrer schriftlichen Bewerbung haben Sie sich ein erstes Mal erfolgreich «verkauft». Sie kommen für die zu besetzende Stelle in Frage. Ob Sie aber wirklich die richtige Mitarbeiterin, der richtige Mitarbeiter sind, wird sich erst aufgrund des persönlichen Kontaktes erweisen.

Den ersten Eindruck, den eine Person auf uns macht, empfinden wir unbewusst. Aussehen, Grösse, Haarfarbe, Händedruck, Stimme, Gestik usw. wirken positiv oder negativ. Wir klassieren unsere Wahrnehmungen sofort und reagieren mit Sympathie oder Antipathie. Ob Sie Ihrem Gesprächspartner sympathisch sein werden oder nicht, können Sie im voraus nicht wissen und auch nur bedingt beeinflussen. Bleiben Sie daher Sie selbst. Versuchen Sie nicht, irgendeine Rolle zu spielen, die Sie in der «Hitze des Gefechts» kaum durchhalten können. Ausserdem wirken Sie dadurch womöglich verkrampft oder unecht. Einige Spielregeln sollten Sie allerdings beachten:

Kommen Sie gepflegt, aber nicht zu auffällig zum Interview. Wählen Sie eine Kleidung, die der angebotenen Stelle angemessen ist. Ihren Stil oder Ihre Persönlichkeit müssen Sie nicht verleugnen. Es liegt jedoch an Ihnen, mit Ihrem Auftreten die Verhandlungen zu Ihren Gunsten zu beeinflussen.

Das Vorstellen beginnt bereits bei der Empfangsdame oder dem Portier. Auch wenn diese nicht über Ihre Anstellung entscheiden, werden sie oft über ihren Eindruck von Ihnen als Bewerber befragt und können sich aufgrund ihrer grossen Erfahrung im Umgang mit Menschen nach einer kurzen Begegnung ein recht objektives Bild machen. Wenn Ihr Gesprächspartner Sie abholt, gehen Sie freundlich auf ihn zu, stellen sich vor, grüssen ihn mit Namen und zeigen, dass Sie sich freuen, die Möglichkeit zu einem Gespräch bekommen zu haben. Setzen Sie sich erst, wenn Sie dazu aufgefordert werden, und wählen Sie jenen Stuhl, den man Ihnen zuweist. Beginnen Sie nicht zu *rauchen*, bevor man Ihnen eine Zigarette anbietet oder Sie zum Rauchen auffordert. Sie sitzen vielleicht einem Nichtraucher gegenüber, der es nicht besonders schätzt, eingenebelt zu werden.

Mit welchen Fragen müssen Sie rechnen ...

Grundsätzlich übernimmt der Interviewer die Führung des Gesprächs. Er stellt Fragen, hört aufmerksam zu und wird Sie sehr gut beobachten. Schon alleine, *wie* Sie antworten und *ob* Sie antworten, kann für ihn sehr aufschlussreich sein. Üblich sind Fragen bezüglich schulischer und beruflicher Ausbildung, nach Noten und Prüfungserfolgen, beruflichem Werdegang, Einzelheiten der bisherigen Tätigkeit, besonderen Fähigkeiten, Führungserfahrung und beruflichen Zielsetzungen. Geben Sie eine möglichst lebhafte Schilderung Ihrer beruflichen Vergangenheit. Flechten Sie dabei private Ereignisse ein, wenn Sie glauben, es sei für das Verstehen Ihrer Entscheide wichtig, und erwähnen Sie, warum Sie glücklich oder unglücklich in der einen oder andern Tätigkeit waren und was Sie dagegen unternommen haben.

Möglicherweise fragt Sie der Gesprächspartner auch nach Ihren Stärken und Schwächen. Am besten überlegen Sie sich schon vor dem Gespräch, was Sie darauf antworten wollen (siehe Stärken- und Schwächenprofil Seite 11). Denken Sie daran, es gibt keinen Menschen ohne Schwächen. Wer sie zugibt und darüber reden kann, erntet zusätzliche Sympathiepunkte.

Mit Sicherheit wird man Sie auch fragen, weshalb Sie Ihre bisherige Stelle aufgeben möchten und warum Sie sich ausgerechnet bei dieser

Firma beworben haben. Auch dazu sollten Sie sich eine Antwort zurecht-
legen. Rein finanzielle Überlegungen als Motiv zum Stellenwechsel
machen keinen guten Eindruck.

Falls es Besonderheiten in Ihrem Lebenslauf gibt (häufiger Stellenwechsel, Arbeitsunterbrüche, Umschulung in reiferen Jahren usw.), wird
man Sie darauf ansprechen. Auch wenn allfällige Lücken in Ihrem
Lebenslauf vielleicht lange zurückliegen und nur ein paar Monate betra-
gen, wird der Interviewer wissen wollen, was Sie in dieser Zeit getan
haben. Fassen Sie Ihre Antworten kurz und bleiben Sie sachlich. Und
vor allem gilt: Schimpfen Sie nicht über frühere Vorgesetzte und plaudern Sie nicht über interne Einzelheiten Ihrer jetzigen Firma.

... und wie weit sollten Sie sie beantworten?

Wie steht es aber nun mit persönlichen Fragen nach Vorstrafen, Hobbys,
politischer Gesinnung, Heiratsabsichten und durchgemachten Krankhei-
ten? Grundsätzlich gilt, dass Fragen nach dem Privatleben oder der
Gesundheit nur so weit zulässig sind, als sie in einem direkten Zusammenhang zur ausgeschriebenen Stelle stehen. Ein Buchhalter darf nach
Vermögens-, ein Chauffeur nach Verkehrsdelikten gefragt werden.
Ebenso darf der Personalchef sich erkundigen, ob Sie ein Leiden haben,
welches Ihre gesundheitliche Eignung für die vorgesehene Tätigkeit
beeinträchtigen könnte.

Stellt man Ihnen unerlaubte, indiskrete Fragen, dann antworten Sie
höflich, dass Sie kaum glauben, dies sei für die Beurteilung Ihrer beruflichen Eignung ausschlaggebend. Sie haben das Recht, eine Frage im
persönlichen Bereich nicht zu beantworten. Eine mögliche Reaktion
(welche viel diplomatisches Geschick erfordert) ist auch, dem Interviewer eine Gegenfrage zu stellen.

Es ist unter Juristen umstritten, ob ein Stellenbewerber bei unzuläs-
sigen Fragen ein «Notwehrrecht der Lüge» haben soll. Auf jeden Fall
ist eine Notlüge immer ein Risiko. Falsche Aussagen können für Sie
unangenehme Konsequenzen haben, wenn sie später ans Tageslicht kommen. Geben Sie daher immer wahrheitsgemässe Antworten.

**Fragen, die an Vorstellungsgesprächen
häufig gestellt werden**

– Warum suchen Sie eine neue Stelle? Gibt es in Ihrem jetzigen
Unternehmen keine Veränderungs- oder Aufstiegsmöglichkeiten?

– Warum haben Sie sich gerade auf *dieses* Inserat beworben?

– Was erwarten Sie von der neuen Stelle?

– Warum haben Sie so häufig den Arbeitgeber gewechselt? Müssen
wir damit rechnen, dass Sie auch uns in einem Jahr wieder
verlassen?

– Warum haben Sie ausgerechnet diese und keine anderen Weiterbildungskurse gewählt?

– Warum haben Sie Ihr Studium abgebrochen? (Oder: so lange für
Ihr Studium gebraucht?)

– Was glauben Sie, was Sie für unsere Firma tun könnten?

– Was gefällt Ihnen am besten/am wenigsten gut an Ihrer jetzigen
Stelle?

– Was glauben Sie, was Sie in zehn, fünfzehn Jahren tun werden?

– Welches sind Ihre beruflichen, persönlichen/familiären Ziele?

– Welches war bis heute Ihre interessanteste Stelle, und inwiefern
war sie für Ihre Laufbahn nützlich?

– Was machen Sie in Ihrer Freizeit, was haben Sie für Hobbys?
Was für Zeitungen und Bücher lesen Sie?

– Wie stellen Sie sich den idealen Chef vor?

– Halten Sie sich für teamfähig? Warum?

– Wie lösen Sie Probleme am Arbeitsplatz, zum Beispiel mit Kollegen?

Sind Sie schwanger, haben ein kleines Gebrechen oder zum Beispiel in unregelmässigen Abständen Epilepsie-Anfälle und man fragt Sie nicht konkret danach, sind Sie auch nicht verpflichtet, den Interviewer darauf aufmerksam zu machen. Fragen zum Gesundheitszustand des neu zu engagierenden Mitarbeiters müssen ganz klar gestellt werden, andernfalls kann der Arbeitgeber Ihnen später weder kündigen noch Sie belangen, weil Sie nicht von sich aus davon gesprochen haben.

Welche Schlüsse zieht der Interviewer?

Der Interviewer versucht, aus Ihren Antworten Rückschlüsse auf Ihr Verhalten und Ihren Arbeitscharakter zu ziehen. Personalfachleute sind dafür speziell geschult. Nachfolgend eine Aufzählung von Verhaltens- und Charaktereigenschaften, die sie je nach Tätigkeit beim Bewerber abklären müssen.

– Belastbarkeit und Durchsetzungsvermögen
– Einordnungsbereitschaft und -fähigkeit
– Akzeptieren von Autoritäten, Unterstellungsfähigkeit
– Reife und Verantwortungsgefühl
– Führungsqualitäten und Führungsstil
– Strebsamkeit, Karrieredenken
– Verhalten gegenüber Kollegen, Geltungsdrang
– Einstellung zum Leben und zur Arbeit
– Zufriedenheit mit sich und dem Erreichten
– Selbständigkeit im Denken und Handeln
– Kritikfähigkeit gegenüber der eigenen Person
– Menschenkenntnis
– Flexibilität, Lernfähigkeit
– Sachbezogenes Urteilsvermögen
– Anlehnungsbedürfnis an Vorgesetzte
– Geschwindigkeit, Effizienz und Genauigkeit
– Zuverlässigkeit und Loyalität
– Mobilität

Wie die einzelnen Aspekte bewertet werden, ist sehr subjektiv. Dies hängt vom Anforderungsprofil für die zur Diskussion stehende Stelle ab, von der Person des Beurteilenden und von der Firmenpolitik. Sie wissen deshalb nicht, was Sie antworten müssen, um «anzukommen». Also verhalten Sie sich am besten so, wie Sie sind. Antworten Sie, wie Sie fühlen, und sagen Sie das, was Sie wirklich denken.

Angst vor Tests?

Die Zeiten der psychologischen Durchleuchtung bei der Stellensuche sind heute weitgehend vorbei. Musste man früher zum Teil tiefenpsychologische Tests über sich ergehen lassen, finden heute in der Praxis lediglich noch Fähigkeitstests in bezug auf eine ganz bestimmte Begabung statt. In diesem Fall will eine Firma wissen, ob dieser Bewerber nicht nur den Willen für eine gänzlich neue Tätigkeit mitbringt, sondern auch die Fähigkeit dazu. Vor allem wenn eine Person noch nie in der zur Diskussion stehenden Funktion (zum Beispiel Verkauf, EDV, Führungsaufgaben usw.) tätig war, können Tests mehr Sicherheit in der Eignungsbeurteilung bringen.

Die Firmen, welche zur Auswahl neuer Mitarbeiter Tests verwenden, werden also immer seltener. Wenn Sie aber trotzdem einmal mit Tests konfrontiert werden sollten, bewahren Sie am besten ruhig Blut! Erstens wird jeder Test sorgfältig instruiert, das heisst, man erklärt Ihnen genau, was wie zu tun ist, ob der Test an eine Zeitlimite gebunden ist oder ob der Faktor Zeit keine Rolle spielt. Folgen Sie diesen Instruktionen, bleiben Sie ruhig und selbstbewusst. Versuchen Sie nicht, jene Antwort zu geben, die Sie glauben geben zu müssen. Eine solche Haltung führt unweigerlich zu Verkrampfung und zu Blackouts, so dass Sie auf die einfachsten Fragen keine Antwort mehr wissen. Viel besser ist es, spontan und ehrlich die Aufgaben zu lösen. Denn, nur wer ruhig und überlegt an eine neue (Test-)Situation herangeht, kann seine Intelligenz unter Beweis stellen.

Bei psychologischen Eignungsabklärungen, welche von ausgebildeten Psychologen durchgeführt werden, stellt das Testen eine der grundlegenden und bewährten Methoden der Beurteilung dar. Diese Fachleute sind auch in der Lage, psychologische Tests fachgerecht auszuwerten und zu interpretieren. Es wird in der Regel immer eine ganze Testbatterie gemacht, damit die Resultate nicht zufällig herauskommen, sondern durch die verschiedenen Tests ein möglichst exaktes Bild entsteht. Man unterscheidet zwischen

● Intelligenz- und Fähigkeitstests (Messen und Resultatvergleich mit einer Grosszahl von Menschen gleichen Alters und gleicher Kultur)

● Persönlichkeits- und psychologischen Tests (Analysieren von Neigungen und individuellen psychologischen Aspekten).

Die Resultate beider Test-Gruppen ergeben dann die Eignung bzw. Nicht-Eignung für eine oder mehrere zur Diskussion stehende Tätigkeiten.

Beim öffentlichen Berufsberater werden Tests vor allem auf Wunsch des Ratsuchenden durchgeführt, obschon es natürlich auf die Arbeitsweise des einzelnen Beraters ankommt. Hauptgewicht hat wie beim Personalchef oder dem Personalberater das persönliche Gespräch.

Grundsätzlich sollten Sie das Recht zur Einsichtnahme in die Testergebnisse haben (ebenso bei graphologischen Analysen; siehe Seite 75). Fragen Sie daher auf jeden Fall, ob Sie die Resultate sehen dürfen.

Salärfrage

In den wenigsten Fällen verlangt man im Inserat nach Angaben über das jetzige oder das gewünschte Gehalt. Die meisten Firmen wollen den Bewerber zuerst kennenlernen und die Salärfrage im Gespräch diskutieren. Saläre richten sich normalerweise danach, was ein Bewerber mitbringt: Ausbildung, Erfahrung, Alter, Spezialkenntnisse, Weiterbildung usw.

In der Regel wird Sie der Interviewer gegen Ende des Gesprächs nach Ihrem Lohnwunsch oder nach Ihrer Diskussionsbasis fragen. Es ist unüblich, dass Ihnen die Firma von sich aus einen konkreten Vorschlag macht, ausser man spricht Sie über einen Personalberater direkt an. Wo Sie Ihre Forderungen ansetzen, hängt von Ihrer persönlichen Situation ab. Was ist Ihnen wichtiger, ein möglichst grosses Salär oder andere

Faktoren wie Arbeitsklima, Sicherheit usw.? Gehen Sie von Ihrem heutigen Salär aus und überlegen Sie sich, wieviel Sie verdienen möchten, wenn Sie die Ihren Wünschen und Erwartungen entsprechende Aufgabe hätten. Ob und wieviel Sie mehr verdienen wollen, liegt in Ihrem Ermessen und hängt auch davon ab, ob Sie eine neue Aufgabe mit viel mehr Verantwortung übernehmen oder weiter die gleiche Tätigkeit ausüben werden. Auskünfte über branchenübliche Saläre bekommen Sie von der zuständigen Gewerkschaft oder Ihrem Berufsverband, allenfalls auch beim Arbeitsamt. Ausserdem veröffentlicht das Bundesamt für Industrie, Gewerbe und Arbeit in Bern alljährlich im Oktober eine Liste über die Durchschnittslöhne und -gehälter in den einzelnen Berufs- und Wirtschaftszweigen (Adresse siehe Anhang).

Haben Sie Ihren Salärwunsch einmal geäussert, können Sie nicht mehr höher gehen. Also müssen Sie eine Verhandlungssumme nennen, die Ihnen Spielraum lässt, falls Sie mit Ihren Forderungen zu hoch liegen sollten. Wenn Sie ein Monatssalär nennen, sollten Sie präzisieren, ob Sie von zwölf oder dreizehn Salären ausgehen. Wenn Sie – je nach Position – zusätzliche Umsatz- oder Gewinnbeteiligung, Geschäftswagen oder Spesen erwarten, sollten Sie dies ebenfalls zur Sprache bringen. Entweder nimmt der Interviewer Ihren Lohnwunsch kommentarlos hin, notiert ihn und wird Ihnen sagen, dass er in einem späteren Zeitpunkt mit Ihnen endgültig darüber sprechen möchte, oder aber er beginnt schon jetzt, mit Ihnen zu verhandeln.

Lassen Sie ihn in diesem Fall *seine* Zahl nennen. Liegt sie tiefer als das «Minimum», das Sie sich gesetzt haben, müssen Sie ihm dies sagen, falls sein Vorschlag für Sie unakzeptabel ist. Andernfalls schlagen Sie vor, dass Sie sich nochmals Gedanken darüber machen wollen. Überlegen Sie sich zu Hause in aller Ruhe, ob die andern Aspekte so ideal stimmen, dass Sie punkto Lohnhöhe einen Kompromiss eingehen können.

Arbeitsplatz und Gespräch mit dem jetzigen Stelleninhaber

Falls Ihnen Ihr Gesprächspartner nicht selbst den Vorschlag macht, fragen Sie am Ende des Interviews, ob Sie Ihren zukünftigen Arbeitsplatz kurz sehen könnten. Man wird Ihnen in den wenigsten Fällen diesen Wunsch abschlagen. Gehen Sie mit offenen Augen und Ohren mit und lassen Sie die Umgebung und die Atmosphäre auf sich wirken. Stellen Sie Fragen, wenn Ihnen etwas unverständlich vorkommt. Wichtig zu wissen ist auch, ob jemand und wer das Büro mit einem teilt (Raucher?). Grossraumbüros, alte Gebäude, Arbeitsplätze mit Air-Condition, aber ohne Fenster sind nicht jedermanns Sache. Beziehen Sie auch diesen Aspekt in Ihre Entscheidung mit ein, und denken Sie darüber nach, ob Sie mit solchen Einschränkungen leben können.

Ideal ist, wenn Sie sich mit dem jetzigen Stelleninhaber unterhalten können. Aufgeschlossene und selbstsichere Vorgesetzte werden Ihnen dies nicht verweigern. Im Gegenteil, sie wollen, dass eine Drittperson über die Arbeit, die Firma und die Atmosphäre berichtet, damit sich der Bewerber ein effektives Bild machen kann. Fragen Sie auf jeden Fall, warum der jetzige Stelleninhaber die Firma verlässt. Falls Sie ihn aus Diskretionsgründen nicht selbst sprechen können (vielleicht weil die Firma ihm noch nicht gekündigt hat), erkundigen Sie sich danach, warum er gehen muss, damit Sie die Erwartungen an Sie kennen. Sonst könnte es Ihnen passieren, dass Sie unbewusst dieselben Fehler machen wie Ihr Vorgänger. Damit Sie trotzdem den Arbeitsplatz zu sehen bekommen, können Sie vorsichtig fragen, ob Sie vielleicht einmal nach Arbeitsschluss vorbeikommen dürften.

Auf Stellensuche und schwanger

Schwangere Frauen haben erfahrungsgemäss grosse Mühe, eine neue Stelle zu finden. Müssen Sie anlässlich des Vorstellungsgesprächs den Interviewer auf das bevorstehende freudige Ereignis aufmerksam machen? Wenn Sie danach gefragt werden, ja. Unaufgefordert müssen Sie nur dann darüber sprechen, wenn die Ausführung der Arbeit durch eine Schwangere völlig unmöglich ist (Sportlehrerin, Mannequin).

Zu dieser Frage hat sich das Bezirksgericht St. Gallen geäussert. Ein Arbeitgeber hatte seine Angestellte fristlos entlassen, weil sie ihm die Schwangerschaft bei der Anstellung verschwiegen hatte. Der Arbeitgeber konnte nicht beweisen, dass er sie danach gefragt hatte. Das Gericht kam zu folgendem Schluss: «Vorliegend war die Klägerin als Aufsicht in einem Spielsalon angestellt. Bei den ihr laut Arbeitsvertrag obliegenden Aufgaben handelt es sich um körperlich nicht allzu strenge Tätigkeiten. Die Klägerin hätte diese Arbeiten durchaus auch weiterhin im Zustand der Schwangerschaft erbringen können. Dafür spricht auch die Tatsache, dass die Klägerin ihrer Arbeit bis zur fristlosen Entlassung – in diesem Moment war die Klägerin im sechsten Monat schwanger – nachgekommen ist. Vorliegend bestand daher keine Mitteilungspflicht der Klägerin bezüglich ihrer Schwangerschaft ... die fristlose Auflösung war ungerechtfertigt.»

Gegen dieses Urteil wurde von Arbeitgeberseite Rekurs erhoben. Doch das Kantonsgericht St. Gallen bestätigte den Entscheid der Vorinstanz.

Oft bleibt es nicht bei einem Gespräch

Ein paar Stunden sind kurz, um eine neue Arbeit, eine neue Aufgabe und eine neue Umgebung kennenzulernen. Bei verantwortungsvollen Positionen wird daher häufig ein zweiter Gesprächstermin vereinbart.

Der Interviewer wird Ihnen am Schluss des Gesprächs seinen Bericht auf ein bestimmtes Datum versprechen. Schlägt er kein zweites Gespräch vor, liegt es an Ihnen, aktiv zu werden, wenn Sie dies wünschen. Sie können auch noch später mit diesem Vorschlag kommen, wenn Sie zum Beispiel Zeit gewinnen wollen, da Sie noch andere Eisen im Feuer haben. Sie können Ihren Gesprächspartner jederzeit anrufen oder ihm im Moment, da er Ihnen den versprochenen Zwischenbericht gibt, Ihren Wunsch unterbreiten. Sagen Sie, Sie hätten noch ein paar Fragen, die Sie gerne kurz mit ihm diskutieren würden. Es sei Ihnen jederzeit möglich, noch einmal für eine halbe Stunde bei ihm vorbeizukommen.

Wenn der Interviewer Sie bittet, ihm bis zu einem genannten Zeitpunkt mitzuteilen, ob Sie überhaupt an einer weiteren Verfolgung der Angelegenheit interessiert seien, ist es wichtig, dass Sie diesen Termin einhalten. Können Sie noch kein grundsätzliches Ja geben, ist ein zweites Gespräch die ideale Möglichkeit, für Ihre Entscheidungsfindung Zeit zu gewinnen. Wenn es um Kaderpositionen geht, ist ein zweites und sogar ein drittes Gespräch ohnehin unerlässlich. Die erste Unerredung wird nur einen Überblick vermitteln können. Wenn Sie nach diesem

---

Wer trägt die Vorstellungskosten?

Es ist üblich, dass der Arbeitgeber dem Bewerber die Kosten ersetzt, welche diesem im Zusammenhang mit dem Vorstellungsgespräch entstanden sind. Voraussetzung ist allerdings, dass die suchende Firma den Bewerber zur Vorstellung aufgefordert hat. Die Vorstellungskosten umfassen die Fahr-, eventuell Übernachtungs- und Verpflegungskosten, sofern diese tatsächlich ein grösseres Ausmass erreichen. Aber gerade in kleineren Firmen ist sich der Arbeitgeber möglicherweise gar nicht bewusst, dass die Bewerber Anspruch auf eine Entschädigung der Vorstellungskosten haben. Ganz sicher lohnt es sich nicht, wegen kleiner Beträge ein gutes Einvernehmen im Vorstellungsgespräch aufs Spiel zu setzen.

Eine Entschädigung für bezogene Ferientage oder Verdienstausfall kann nicht geltend gemacht werden. Bewerber, welche ihr altes Arbeitsverhältnis bereits gekündigt haben, haben Anspruch darauf, dass ihnen der gegenwärtige Arbeitgeber in angemessenem Umfang Freizeit zur Stellensuche gewährt. Angemessen heisst etwa einen halben Tag pro Woche. Angestellte mit gleitender Arbeitszeit sollten ihre Vorstellungstermine vor allem in die Randstunden legen.

Gespräch eine mögliche Zusammenarbeit in Erwägung ziehen, werden sich viele wichtige Detailfragen ergeben, die Sie in aller Ruhe mit Ihrem zukünftigen Arbeitgeber besprechen wollen. Dabei wird er Ihnen auch vertrauliche Informationen weitergeben, die er nicht gerne in einer ersten Verhandlung bereits offen auf den Tisch legt.

Die Vertrags-
verhandlungen

Gemäss Obligationenrecht bedarf der Arbeitsvertrag keiner bestimmten Form. Auch mündliche Abmachungen sind Verträge. Bestehen Sie trotzdem auf einem schriftlichen Vertrag. So vermeiden Sie Missverständnisse und Auseinandersetzungen. Mündliche Versprechungen mit Handschlag und Hinweis auf gegenseitiges Vertrauen lassen sich nachträglich kaum beweisen.

Bei Meinungsverschiedenheiten – zum Beispiel punkto 13. Monatsgehalt, Spesenentschädigung, Überstunden usw. – gilt, was schwarz auf weiss festgehalten ist. In Ihrem Arbeitsvertrag sollten deshalb mindestens folgende Punkte geregelt sein:

●   Beginn des Arbeitsverhältnisses, Probezeit und Kündigungsfristen (siehe Seite 111)

●   Salär, inklusive Zusatzleistungen wie Gratifikationen, Teuerungsausgleich, Spesen (siehe Seite 112)

●   Beschreibung des Aufgabengebietes und der hierarchischen Stellung (siehe Seite 113)

●   Lohnzahlung bei Krankheit, Unfallversicherung, Pensionskasse (siehe Seite 115)

●   Arbeitszeit und Ferien (mindestens vier Wochen)

A N S T E L L U N G S V E R T R A G

1. Vertragspartner

INDUTRUST AG, Paradiesweg 30, 8000 Zürich
als Arbeitgeber

und

Peter Nagel, geb. 22. März 1960, von Meilen
als Arbeitnehmer

2. Vertragsverhältnis

Das Arbeitsverhältnis ist auf unbestimmte Zeit abgeschlossen und beginnt am 1. Mai 1994. Die Probezeit
beträgt zwei Monate. Danach kann das Arbeitsverhältnis
unter Einhaltung einer Kündigungsfrist von drei Monaten
jeweils auf Monatsende aufgelöst werden.

3. Tätigkeit / Unterstellung

Herr Nagel arbeitet als Assistent der Direktion und ist
dem Direktor unterstellt.

4. Arbeitszeit / Ferien

Die wöchentliche Arbeitszeit beträgt 40 Stunden, der
jährliche Ferienanspruch vier Wochen pro Kalenderjahr.

5. Salär

Das monatliche Anfangssalär beträgt Fr. 4'500.-- (ab-
züglich die Beiträge für Sozialleistungen). Herr Nagel
hat Anspruch auf ein 13. Monatsgehalt. Arbeitsbedingte
Spesen und besondere Auslagen werden nach Aufwand ent-
schädigt.

6. Sozialleistungen

Herr Nagel ist gegen Betriebs- und Nichtbetriebsunfälle
versichert. Die Versicherungsprämien übernimmt der Arbeitgeber. Ist Herr Nagel infolge Krankheit arbeitsun-
fähig, so wird das Salär vom ersten Tag der Arbeitsunfähigkeit an nach folgender Skala ausgerichtet:

1. Dienstjahr	3 Wochen
2. Dienstjahr	1 Monat
3./4. Dienstjahr	2 Monate
5.-9. Dienstjahr	3 Monate
10.-14. Dienstjahr	4 Monate

Beispiel für einen Anstellungsvertrag

Herr Nagel wird mit Eintrittsdatum in die Pensionskasse der INDUTRUST AG aufgenommen. Das Reglement der Pensionskasse sowie die Hausordnung der INDUTRUST AG sind Bestandteil dieses Vertrages.

7. Nebenberufliche Tätigkeit

Für jede Art von nebenberuflicher Tätigkeit ist die schriftliche Zustimmung des Arbeitgebers notwendig.

Im übrigen gelten die Bestimmungen des Schweizerischen Obligationenrechts.

Der Arbeitnehmer   Der Arbeitgeber

Peter Nagel   INDUTRUST AG
Ort/Datum: ....   Zürich, 4. Januar 1994

Achten Sie darauf, dass alle Versprechen des Arbeitgebers, die über das gesetzliche Minimum hinausgehen, im Vertrag schriftlich fixiert werden. Dasselbe gilt für Abweichungen von betriebsinternen Hausordnungen und Reglementen. Erkundigen Sie sich, ob für Sie ein Gesamtarbeitsvertrag gilt, und lesen Sie ihn genau durch. Vor allem in grösseren Firmen werden an alle Mitarbeiter betriebsinterne Hausordnungen abgegeben, die eine Zusammenfassung sämtlicher Anstellungsbedingungen enthalten. In jedem Fall ist es ratsam, auch diese aufmerksam durchzusehen, bevor man einen Vertrag unterzeichnet. Bewahren Sie alle Unterlagen nach erfolgter Anstellung sorgfältig auf, damit Sie sie immer griffbereit haben.

Was ist ein Gesamtarbeitsvertrag?

In zahlreichen Betrieben und Branchen gibt es sogenannte Gesamtarbeitsverträge (GAV). Es handelt sich dabei um Vereinbarungen, die zwischen Gewerkschaften und Angestelltenverbänden einerseits sowie Arbeitgeberorganisationen andererseit abgeschlossen wurden. In der Regel enthalten sie für die Arbeitnehmer günstigere Arbeitsbedingungen und sind auch viel detaillierter als das Obligationenrecht.

Einige GAVs wurden vom Bundesrat allgemeinverbindlich erklärt und gelten für alle Betriebe und Arbeitnehmerinnen oder Arbeitnehmer der betreffenden Branche. Auskunft darüber erteilt Ihnen das Bundesamt für Industrie, Gewerbe und Arbeit (Biga) in Bern. Die übrigen Gesamtarbeitsverträge sind nur für Mitglieder der vertragsschliessenden Organisationen verbindlich. Es sei denn, im individuellen Arbeitsvertrag werde ausdrücklich auf den GAV verwiesen.

Erkundigen Sie sich, ob Ihr Arbeitnehmerverband einen GAV mitunterzeichnet hat und ob Ihre neue Firma dem betreffenden Arbeitgeberverband angehört.

Vor- und Nachteile von langen Probezeiten und Kündigungsfristen

Wird nichts anderes verabredet, gilt der erste Monat eines neuen Arbeitsverhältnisses als *Probezeit*. Eine Verlängerung bis maximal drei Monate ist zulässig, muss aber im Einzelarbeitsvertrag vereinbart werden. Abmachungen über längere Probezeiten sind ungültig. Ausnahme: Bei einer effektiven Verkürzung der Probezeit infolge Krankheit, Unfall oder Erfüllung einer gesetzlichen Pflicht (zum Beispiel Militärdienst) kann sie um die entsprechende Zeit verlängert werden.

Während der Probezeit können beide Vertragsparteien das Arbeitsverhältnis unter Einhaltung einer siebentägigen Kündigungsfrist auflösen, sofern im Vertrag nichts anderes verabredet wurde.

Vielleicht sind Sie der Meinung, eine lange Probezeit bedeute zuviel Unsicherheit für Sie, da Sie noch nicht fest angestellt sind. Dies stimmt nur zum Teil. Denn andererseits haben ja auch Sie die Möglichkeit – falls Ihnen die Stelle nicht gefällt und Sie eine neue gefunden haben –, diese unerfreuliche Liaison während der Probezeit kurzfristig aufzulösen.

Kündigungsfristen von mehr als drei Monaten sind nur auf hohen Führungsstufen üblich. Aber in den Chefetagen herrschen ohnehin andere Spielregeln, wenn es einmal zu einer Vertragsauflösung kommt. Normalerweise einigt man sich im Rahmen eines sogenannten Gentlemen's Agreement darauf, dass die Führungskraft sofort nach der Kündigung – bei vollem Gehalt – von der Arbeit freigestellt wird. Diese Lösung wird darum getroffen, weil hohe Führungskräfte grossen Einfluss auf die Geschäftsabwicklung haben und in engem Kontakt zu Kunden, Lieferanten und Konkurrenten stehen. Man befürchtet, dass der scheidende Manager nach der Kündigung nicht mehr in jedem Fall im Sinn der Firma handeln könnte.

Auf den tieferen Hierarchiestufen wirkt sich eine Kündigungsfrist von mehr als drei Monaten eher zum Vorteil des Arbeitgebers aus. Nehmen wir den Fall einer Buchhalterin, die sich verändern möchte, aber eine sechsmonatige Kündigungsfrist einzuhalten hat. Dem Arbeitgeber bleibt nach erfolgter Kündigung genügend Zeit, um in aller Ruhe einen Nachfolger zu suchen und diesen durch die jetzige Stelleninhaberin einarbeiten zu lassen. Er leidet nicht unter Zeitdruck, und die Ablösung erfolgt nahtlos.

Anders sieht es für die Buchhalterin selber aus, die eine Stelle suchen muss, sie aber erst sieben oder acht Monate später antreten kann. Das kann schwierig werden. Die meisten Unternehmen, welche Stellen zu besetzen haben, werden sich lieber für einen Kandidaten entscheiden, der schon nach zwei oder drei Monaten verfügbar ist. Falls man Sie zwar anstellen möchte, aber nicht so lange auf Sie warten kann, versuchen Sie vorsichtig herauszufinden, ob Sie die alte Firma früher aus dem Vertrag entlässt.

Das Salär

Im Abschnitt «Salärfrage» (siehe Seite 101) können Sie nachlesen, wie bei den Salärverhandlungen am besten vorzugehen ist. Abgeschlossen sind diese Verhandlungen erst, wenn Sie Ihren Lohn schwarz auf weiss im Arbeitsvertrag verankert haben.

Wird Ihnen eine Jahresendzulage gewährt, dann achten Sie darauf, dass wenn immer möglich ein 13. Monatsgehalt vereinbart wird und nicht nur eine sogenannte Gratifikation. Der 13. Monatslohn ist nämlich ein fester Lohnbestandteil, der (anteilsmässig) auch dann geschuldet ist, wenn der Mitarbeiter während des Jahres ein- oder austritt. Die Gratifikation hingegen ist eine freiwillige Zuwendung, deren Auszahlung vom Geschäftsgang oder von der Leistung des Angestellten abhängig gemacht werden kann. Besteht der Arbeitgeber aber auf einer Gratifikation, dann versuchen Sie zu erreichen, dass im Arbeitsvertrag die genaue Höhe und Fälligkeit angegeben werden.

Hat Ihnen der zukünftige Chef mündlich eine Lohnerhöhung zu einem bestimmten Zeitpunkt versprochen, zum Beispiel nach der Probezeit oder nach sechs Monaten? Dann verlangen Sie auch diese Regelung schwarz auf weiss. Am besten ist eine eindeutige Formulierung, zum Beispiel: «Bei guten Leistungen wird das Salär von ... auf den 1. Januar um ... Prozent (oder um Franken ...) angehoben.»

Dasselbe gilt für Umsatz- und Gewinnbeteiligungen. Meistens besteht für deren Berechnung ein firmeneigener Schlüssel. Diese Formel kann auf einem separaten Blatt abgegeben werden, muss aber von beiden Vertragspartnern unterzeichnet sein. Auch Spesenregelungen sind oft in

---

Stunden- oder Monatslohn?

Arbeiten Sie Teilzeit? Dann sollten Sie darauf achten, dass Sie wenn immer möglich nicht im Stunden-, sondern im Monatslohn bezahlt werden. Die Bezahlung im Stundenlohn birgt nämlich Nachteile: Vergütet wird nur die tatsächlich geleistete Arbeitszeit. Stundenlöhner gehen daher – sofern sie vertraglich nichts anderes vereinbart haben – an Feiertagen leer aus und erleiden Lohneinbussen, wenn sie einmal während der Arbeitszeit zum Arzt oder zu einer Behörde gehen müssen. Solche Kurzabsenzen haben auf die Höhe eines Monatslohnes keinen Einfluss, sofern die Abwesenheit unverschuldet ist. In bezug auf Ferien und Lohnzahlung bei Krankheit haben Angestellte im Stundenlohn keine Nachteile. Sie haben den gleichen Anspruch wie das Vollzeitpersonal, einfach pro rata zur geleisteten Arbeitszeit.

---

einem speziellen Reglement festgehalten, welches einen integrierenden Bestandteil des Arbeitsvertrages darstellt.

Wenn Sie komplizierte Vereinbarungen betreffend Salär oder Nebenleistungen nicht ganz verstehen, dann fragen Sie! Häufig ist das Juristendeutsch selbst für Fachleute nicht so leicht zu interpretieren. Zudem gibt es Arbeitgeber, welche versuchen, vordergründig grosszügige Vereinbarungen im Vertrag mit allerlei Vorbehalten zu versehen. Vor allem im Zusammenhang mit Verkaufsprovisionen im Aussendienst ist grösste Vorsicht geboten. Wenn Sie ganz sicher gehen wollen, dass ihr Vertrag und die finanziellen Vereinbarungen einwandfrei sind, lohnt sich eine Konsultation bei einem Juristen oder Personalfachmann.

Stellen- oder Funktionsbeschreibung

Fortschrittliche Firmen erarbeiten für sämtliche Arbeitsplätze schriftliche Stellen- oder Funktionsbeschreibungen. Als Bewerber werden Sie eine solche Zusammenfassung von Aufgaben, Kompetenzen und Verantwortungen sicher schätzen. Ausserdem ist sie um vieles verbindlicher als mündliche Auskünfte. Fragen Sie schon während des Interviews, ob

Beispiele für Stellenbeschreibungen

```
Stellenbeschreibung: Chef der Speditionsabteilung
```

1. Bezeichnung der Stelle
Chef der Speditionsabteilung

2. Stellung in der Unternehmung

Vorgesetzter	Verkaufsleiter
Unterstellte Mitarbeiter	Chef des Speditionsbüros
	Chef der Packerei 1
	Chef der Packerei 2
	Chef des Fuhrparks
Stellvertretung	Chef des Speditionsbüros

3. Ziel der Stelle
Die zur Spedition gelangenden Waren sollen nach optimalen Gesichtspunkten versandt werden. Das heisst, das gewählte Transportmittel soll jeweils eine optimale Kombination in bezug auf Kosten, Zuverlässigkeit und Transportdauer darstellen.

4. Aufgaben
Der Stelleninhaber hat folgende Aufgaben zu erfüllen:
- Er erlässt Richtlinien an seine Mitarbeiter, auf deren Grundlage diese die Wahl des Transportmittels treffen können.
- Er pflegt den notwendigen Kontakt mit Stellen ausserhalb der Firma (Speditionsfirmen, Luftverkehrsgesellschaften, Transportanstalten usw.).
- Er prüft neue Verpackungsmaterialien auf ihre Zweckmässigkeit.
- Er lässt den technischen Zustand der Motorfahrzeuge überwachen.
- Er prüft neue Speditionswege.
- Er prüft periodisch die Zusammensetzung des Fuhrparks auf Zweckmässigkeit.

5. Kompetenzen

finanzielle	- Vergütung von Transportschäden bis Fr. 1000.--
	- Anschaffungen bis Fr. 2000.-- im Einzelfall
personelle	Einteilung Speditionspersonal
sachliche	- Abschluss von Transportversicherungen
	- Erlass von Vorschriften für die Vorverpackung in der Montageabteilung

Ausführliche Stellenbeschreibung (Quelle: Imaka-Lehrgang «Personalassistenten-Kurs»)

```
Stellenbeschreibung: Sachbearbeiter in der Verkaufs-
administration eines Versandhandels

Unterstellung    Verkaufsleiterin
Stellvertretung  weitere Mitarbeiter der Verkaufs-
                 administration

Der Stelleninhaber arbeitet in der Verkaufsadministra-
tion der Firma XY.

Er ist verantwortlich für:
- Sortieren des täglichen Posteingangs
- Verarbeitung und Ablage der EDV-Belege und Handfak-
  turen
- Bearbeitung der Retouren

Der Stelleninhaber führt das Postcheckkonto und er-
stellt die monatlichen Zahlungsstatistiken. Zudem hilft
er mit bei der Betreuung des Verkaufstelefons sowie bei
den weiteren administrativen Arbeiten innerhalb der
Verkaufsadministration.
```

Einfache Stellenbeschreibung

eine Stellenbeschreibung existiert. Ist dies der Fall, wird man Ihnen
gerne eine Kopie geben, welche Sie zu Hause in aller Ruhe studieren
können.

Aus den obenstehenden Mustern von Stellenbeschreibungen erse-
hen Sie, dass es dabei vor allem auf die genaue Formulierung ankommt:
ist verantwortlich für, erledigt, kontrolliert, überwacht, überprüft, entscheidet, erarbeitet, veranlasst, organisiert usw.

Krankenlohn, Unfallversicherung und Pensionskasse

Jeder Arbeitnehmer ist obligatorisch gegen Betriebsunfall versichert.
Personen, welche mehr als 12 Stunden pro Woche für den gleichen
Arbeitgeber arbeiten, sind auch gegen die Folgen von Nichtbetriebsunfäl-
len abgesichert. Seit 1985 muss jede Firma für ihre Angestellten eine
Pensionskasse anbieten. Zahlreiche Firmen haben ihre eigenen Stiftun-
gen; kleinere Unternehmen haben die berufliche Vorsorge durch Kollek-

tivverträge im Rahmen des Branchenverbandes, bei einer Versicherungsgesellschaft oder bei einer Bankstiftung geregelt. Alle wesentlichen Bestimmungen über die zweite Säule sind in Statuten und Reglementen festgehalten. Diese sind Bestandteil Ihres Vertrages. Die Leistungen der Pensionskassen können sehr unterschiedlich sein und weit über das Obligatorium hinausgehen. Lassen Sie sich deshalb das Reglement der Pensionskasse Ihrer neuen Firma geben und lesen Sie es genau. Achten Sie vor allem auf die Regelung der Freizügigkeit bei einem allfälligen Stellenwechsel: Das Reglement bestimmt, welchen Anteil der Arbeitgeberbeiträge Sie nach welcher Zeit als Freizügigkeitsleistung mit auf den Weg erhalten. Immer mehr Firmen gewähren bereits heute die volle Freizügigkeit, obwohl das Gesetz dazu erst debattiert wird.

Nicht obligatorisch sind Lohnausfallversicherungen (Krankentaggeld) bei Krankheit. Viele grosse Firmen schliessen jedoch freiwillig Krankentaggeldversicherungen für ihre Mitarbeiter ab. Diese bezahlen bei Arbeitsunfähigkeit in der Regel während 720 Tagen 80 bis 100 Prozent des Salärs. Besteht keine solche Versicherung, muss der Arbeitgeber dem Angestellten bei Krankheit von Gesetzes wegen während «einer beschränkten Zeit» den vollen üblichen Lohn entrichten, sofern das Arbeitsverhältnis länger als drei Monate gedauert hat. Im ersten Dienstjahr beträgt diese «beschränkte Zeit» drei Wochen. Danach eine «angemessene» längere Zeit. Da das Gesetz diesbezüglich nicht sehr präzise ist, sollte im Arbeitsvertrag unbedingt geregelt werden, wie lange der Arbeitnehmer sein Gehalt bei Krankheit zugut hat. Besteht keine oder nur eine ungenügende Krankentaggeldversicherung der Firma, sollten Sie sich privat versichern.

Besitzen Sie bereits eine private Kranken- und Unfallversicherung? Dann tun Sie gut daran, bei Eintritt in eine neue Firma Ihre eigenen Versicherungen wieder einmal unter die Lupe zu nehmen und an die Leistungen der Arbeitgeberfirma anzupassen.

Sich selbständig machen?

Sich selbständig machen bedeutet harte Arbeit, viel Risikobereitschaft und Eigeninitiative. Es erfordert eine sorgfältige Abklärung der Möglichkeiten, in einen Markt einzudringen. Die unternehmerische Freiheit ist optimal.

Selber Unternehmer sein, dieser Gedanke ist Ihnen vielleicht nicht neu. Eigentlich träumen Sie ja schon lange von einem «eigenen Laden». Die Gründe dazu sind vielfältig:

● Endlich das machen können, was man gerne tut

● Ideen in die Tat umsetzen, ohne dabei von Chefs blockiert zu werden

● Nicht mehr nur ausführen, was Vorgesetzte sich ausgedacht haben

● Unabhängigkeit erlangen; sein eigener Chef sein, keine fixen Arbeitszeiten mehr, keinen Zwängen mehr unterliegen in bezug auf Ferien, Arbeitsweg usw.

● Auf eigene Rechnung arbeiten, das heisst, der Einsatz zahlt sich direkt aus

● Verantwortung tragen können

● Freiheit gewinnen

Viele Unternehmer-Erfolge kommen dank der Initiative und der Risikobereitschaft aktiver Persönlichkeiten zustande. Am Anfang eines jeden Unternehmens stand der Unternehmergeist eines einzelnen. Im besten

Fall hat er sich mit einem oder mehreren Partnern zusammengetan. Leistung, harte Arbeit, grosser Einsatz und etwas Glück in bezug auf die Wirtschaftslage schrieben und schreiben Firmengeschichte. Risikobereitschaft und überdurchschnittlicher Einsatz genügen jedoch nicht. Das Tätigkeitsgebiet, in welchem Sie aktiv werden wollen, muss genauestens analysiert und die Zukunftschancen müssen abgeklärt werden. Ohne Markt- und Branchenkenntnisse in einen Bereich einzusteigen erschwert die objektive Beurteilungsfähigkeit. Also verschaffen Sie sich immer zuerst ein Bild über die Möglichkeiten, in einen Markt einzudringen. Informieren Sie sich auf alle Seiten, indem Sie mit Konkurrenten in dieser Branche oder anderen Selbständigerwerbenden diskutieren. Ziehen Sie die Hilfe eines professionellen Beraters bei (Wirtschaftsjurist, Unternehmensberater), besuchen Sie einen Kurs (beispielsweise Migros-Klubschule «Gründung eines Kleinunternehmens») oder konsultieren Sie entsprechende Literatur (Hinweise siehe Anhang). Auskünfte und Informationen zur Gründung einer Firma können Ihnen auch der betreffende Verband oder das Handelsregisteramt geben.

Wichtig für den Entscheid zur Selbständigkeit ist die *Motivation*. Sind Sie bereit, die ersten Jahre einen Höchsteinsatz (ohne Ferien, wenn Sie Erfolg haben wollen) zu leisten? Haben Sie Durchhaltewillen und ein finanzielles Polster, falls es einmal mit den Aufträgen oder Kundenzahlungen hapern sollte? Besteht die Möglichkeit, dass Ihr Partner zur Existenzsicherung beiträgt? Bis zum Break-Even rechnet man rund drei Jahre. Das heisst, ein Gewinn wird frühestens im vierten, vielleicht erst im fünften Jahr herausgewirtschaftet. Liegt es Ihnen, «so ganz alleine» zu arbeiten, oder brauchen Sie eher ein motivierendes Team, das Ihnen Impulse gibt, um berufliche Zufriedenheit zu erlangen?

Auf jeden Fall darf das Sich-selbständig-Machen nicht eine Notlösung sein, zum Beispiel weil Sie frustriert und mit sich und der Welt unzufrieden sind. Die Selbständigkeit erfordert mehr, als es nach aussen oft scheint. Zu vielen gelingt es nicht, und sie müssen nach einem oder zwei Jahren wieder auf Stellensuche gehen. Diesmal unglücklich, enttäuscht und mit der Hypothek eines Misserfolgs, welcher in einem Lebenslauf nicht unbedingt positiv wirkt.

Ein Beispiel aus dem Gastgewerbe dürfte Ihnen vielleicht zeigen, wie sehr Vorstellungen und Realität auseinanderklaffen: Schätzungsweise 1200 Menschen aus branchenfremden Tätigkeiten versuchen jährlich ins Gastgewerbe einzusteigen. Die grosse Mehrheit besteht aber die Bewährungsprobe als selbständige Unternehmer nicht und gibt nach wenigen Monaten wieder auf.

Stellensuche
als Wiedereinsteigerin

Viele Frauen wollen oder müssen ihre Berufstätigkeit an den Nagel hängen, sobald das erste Kind zur Welt kommt. Da die Wiederaufnahme der Erwerbstätigkeit nach einem langjährigen Unterbruch oft recht schwierig sein kann, dürfte eine Frau eigentlich nie ganz aus dem Beruf aussteigen.

Als Folge der langen Rezession sind die Möglichkeiten für einen Wiedereinstieg leider wieder etwas geschrumpft. Vielleicht nehmen Sie einfach mal einen (auch untergeordneten) Job an, um dadurch bei einer späteren Bewerbung die so häufig verlangte Erfahrung im veränderten Berufsumfeld (Informatik usw.) aufweisen zu können.

Planen und denken Sie langfristig für eine erfüllende und herausfordernde (zweite) Berufslaufbahn. Machen Sie sich für die kommenden Jahrzehnte durch Weiterbildung und Leistung unentbehrlich. So wird es Ihnen auch in wirtschaftlich veränderten Zeiten nicht passieren, dass man Sie an den Herd zurückschickt. Die Stellung der Frau hat sich in den vergangenen Jahren stark gefestigt, berufstätige Mütter sind akzeptiert, die Familie hat wieder grössere Wertschätzung erreicht – profitieren Sie von diesem Gesinnungswandel für Ihre eigene Ausgefülltheit.

Als Hausfrau und Erzieherin mit dem Beruf in Kontakt bleiben

Halten Sie auch während der Familienphase auf irgendeine Weise eine Verbindung zu Ihrem Beruf aufrecht. Es ist selbstverständlich, dass Sie Ihre Zeugnisse und sonstigen Dokumente aus der Zeit Ihres Erwerbslebens aufbewahren. Heirat oder Mutterschaft ist kein Grund, aus dem Berufsverband auszutreten. Lesen Sie weiterhin Fachpublikationen oder Verbandszeitschriften. Behalten Sie den Kontakt zu Ihren alten Kolleginnen und Kollegen. Lesen Sie Zeitung, vor allem den Wirtschaftsteil und die Inserate. Sprechen Sie mit anderen Frauen, die ununterbrochen im Berufsleben standen, oder mit solchen, die den Wiedereinstieg geschafft haben. Auch wenn Sie die verantwortungsvolle Aufgabe einer Familienmutter voll in Anspruch nimmt, dürfen Sie sich selbst darüber nicht gänzlich vergessen. Schliesslich könnten Sie ja auch einmal zum Wiedereinstieg *gezwungen* sein.

Denken Sie rechtzeitig an den Zeitpunkt, da Ihre Kinder flügge werden. Ehe Sie es sich bewusst sind, gehen sie aus dem Haus, und zurück bleiben Sie alleine. Für Ihren Mann wird die Ablösung leichter sein. Er hat seine Arbeit, die ihn ausfüllt. Wenn Sie erst jetzt auf die Suche nach einer sinnvollen Beschäftigung gehen, kann der Ablösungsprozess für Sie recht schmerzhaft werden. Sie stürzen sich unvorbereitet in Vorstellungsgespräche, und zwar zu einem Zeitpunkt, da Sie unglücklich sind. Sie tragen Ihr Problem ins Büro des Personalchefs, anstatt den neuen Lebensabschnitt guten Mutes in Angriff zu nehmen.

Stufenweiser Wiedereinstieg

Wenn Sie zu den Glücklichen gehören, die den Fuss nie ganz aus der Berufswelt herausgenommen haben, werden Sie erstens Ihre Fähigkeiten und Neigungen kennen und verfügen zweifellos über Beziehungen zu möglichen Arbeitgebern. Sie sind mit den modernen Arbeitsmitteln vertraut und wissen über Berufsatmosphäre und Anforderungen Bescheid. Sie werden auch ziemlich genau wissen, wieviel Sie sich zutrauen können. Waren Sie hingegen jahrelang ganz vom Beruf weg, müssen Sie sich zuerst wieder hinterfragen: «Wer bin ich, und was will ich?» Wenn Sie sich zuwenig zutrauen, aber doch gerne wieder berufstätig werden möchten, helfen Ihnen erfolgreiche Frauen mit entsprechenden Kursen weiter (zum Beispiel BALance Zürich; Adresse siehe Anhang). Wie gehen Sie an die Realisierung des Wiedereinstiegs? Überlegen Sie sich zuerst, ob Sie in Ihren angestammten Beruf zurückkehren oder sich in einer anderen Sparte betätigen wollen. Die Frage nach einem Umstieg ist in einem solchen Moment besonders aktuell.

Es ist empfehlenswert, wegen der vorhandenen Belastung durch Familie und Haushalt einen sanften Einstieg anzustreben. Das heisst, dass Sie sich zuerst einmal eine geeignete Teilzeitstelle suchen. Diese können Sie dann zu einem späteren Zeitpunkt je nach Bedürfnis ausbauen. Wenn der Berufsunterbruch zu lange gedauert hat oder Sie sich zuwenig sicher fühlen, um direkt einzusteigen, bietet Ihnen ein Wiedereinsteigerinnen-Kurs bei einer Grossfirma die Chance, das nötige Rüstzeug zu holen und danach auch dort eine Stelle zu finden. Im übrigen führen Berufsverbände, Selbsthilfegruppen und verschiedene Ausbildungsinstitute solche Kurse durch (siehe Tagespresse sowie Anhang). Literaturhinweise zum Thema Wiedereinstieg finden Sie ebenfalls im Anhang.

Teilzeitbeschäftigung – die neue Lebensform

Da viele Wiedereinsteigerinnen zu einer Teilzeitbeschäftigung gezwungen sind, sei hier kurz auf die rechtlichen Aspekte dieser Arbeitsform eingegangen. Denn als Neulinge im Berufsleben kennen viele Frauen ihre Rechte nicht und nehmen Arbeitsbedingungen in Kauf, die nicht gesetzeskonform sind.

Achten Sie vor allem darauf, dass der Arbeitgeber Sie nicht fälschlich als «Aushilfe» bezeichnet, um an Ihnen Sozialleistungen zu sparen. Eine Aushilfe ist nur, wer vorübergehend, befristet und weniger als drei

Monate bei einem Arbeitgeber tätig ist. Also beispielsweise die Studentin, die vor Weihnachten in einem Warenhaus sechs Wochen lang an der Kasse aushilft.

Arbeitnehmerinnen, die länger als drei Monate regelmässig oder unregelmässig, tage- oder stundenweise im Einsatz stehen, sind keine Aushilfen, sondern Teilzeitbeschäftigte. Sie haben die gleichen Rechte wie Vollzeitpersonal – natürlich im Verhältnis zur geleisteten Arbeitszeit –, sofern sie im Monats- und nicht im Stundenlohn angestellt sind. Die Sekretärin, welche seit einem Jahr an zwei Tagen pro Woche in einer Firma die Korrespondenz erledigt, hat also Anspruch auf vier Wochen bezahlte Ferien. Muss sie einmal das Bett hüten, hat sie während einer beschränkten Zeit den Lohn trotzdem zugut. Weitere Einzelheiten über Sozialleistungen und arbeitsvertragliche Bestimmungen finden Sie im Kapitel «Die Vertragsverhandlungen» (Seite 107).

Wie in diesem Kapitel ausgeführt, sollten auch Teilzeitangestellte auf einem Monatslohn beharren. Ist dies wegen unregelmässiger Arbeitszeit nicht möglich, so ist darauf zu achten, dass die Sozialleistungen wie Ferien oder Krankenlohn usw. nicht einfach mit dem Stundenlohn abgegolten werden. Das Bundesgericht hat unmissverständlich festgehalten, dass Pauschallöhne «alles inbegriffen» nicht zulässig sind. Soll beispielsweise der Ferienlohn mit dem Stundenlohn ausbezahlt werden, muss aus dem Vertrag und den Lohnabrechnungen klar ersichtlich sein, aus welchen Komponenten sich der Bruttolohn zusammensetzt. Vier Wochen Ferien entsprechen 8,33 Prozent des Bruttolohnes.

Und noch etwas: Vielleicht sind Sie als verheiratete Frau nicht darauf angewiesen, einen grossen Zahltag nach Hause zu bringen. Es geht Ihnen mehr um die Abwechslung und die Selbstbestätigung ausser Haus. Verkaufen Sie Ihre Arbeitskraft trotzdem nicht unter ihrem Wert. Denken Sie daran, dass viele alleinstehende Frauen von ihrem Gehalt leben müssen und zahlreiche Familienmütter gezwungen sind, aus finanziellen Gründen dazuzuverdienen. Wenn Sie bereit sind, zu «Dumpinglöhnen» zu arbeiten, dann drücken Sie auf das allgemeine Lohnniveau und tragen mit dazu bei, dass die Frauenlöhne in der Schweiz immer noch um rund einen Drittel tiefer liegen als diejenigen der männlichen Arbeitskräfte.

Mit vierzig
einen neuen Beruf lernen?

Ob Sie in der Mitte des Lebens zum ersten Mal einen Beruf erlernen oder sich umschulen lassen wollen, beides ist leider nicht mehr ganz leicht. Dies nicht so sehr wegen der zum Teil vorhandenen Alterslimiten, sondern viel mehr wegen Ihrer privaten, ganz individuellen Lebenssituation. Können Sie sich vorstellen, ein paar Jahre lang tagein, tagaus die Schulbank zu drücken? Muten Sie sich nach einer langen Pause ohne Lernen noch soviel Lern- und Aufnahmevermögen zu? Können Sie ein paar Jahre lang ohne oder nur mit einem Minimum an Salär leben? Wenn Sie sich diese Fragen ganz ernsthaft überlegen und zu einer negativen Antwort kommen, braucht Sie das nicht zu entmutigen. Für die meisten Menschen in der Lebensmitte gibt es eigentlich nur die Möglichkeit, die berufliche *Richtung* etwas zu ändern bzw. im angestammten Bereich, aber vielleicht in einer anderen Tätigkeit, weiterzuarbeiten. Oder aber Sie versuchen, ein Hobby etwas auszubauen, um damit neben dem nicht voll ausfüllenden Beruf noch ein «zweites Bein» zu haben.

Menschen, die nach vierzig einen Berufswechsel, ein erstes oder zweites Diplom oder sogar ein Studium erfolgreich hinter sich bringen, gehören zu den Ausnahmen. Sie besitzen einen enormen Willen, viel Durchhaltevermögen und einen Lebensstandard, welcher ohne grosses Salär aufrechtzuerhalten ist. Oder sie haben ein genügend grosses finanzielles Polster, von dem sie zehren können.

Lassen Sie sich beraten, welche konkreten Möglichkeiten es in Ihrem Fall gibt. Die öffentlichen Berufs- und Laufbahnberatungen (siehe Anhang) sind gratis. Daneben gibt es private Personalberater, Berufsberater und Psychologen, die allerdings nicht ganz billig sind, die sich Ihrer Situation jedoch intensiver widmen können. Grundsätzlich ist es möglich, auch in reiferen Jahren einen Berufsabschluss zu erwerben. Für die wenigsten Lehren gibt es oberste Altersgrenzen. Sie müssen nicht einmal mit 17jährigen Lehrlingen die Schulbank drücken. Das Berufsbildungsgesetz erlaubt nämlich, dass Erwachsene zu Lehrabschlussprüfungen zugelassen werden, wenn sie

● mindestens anderthalbmal so lange im Beruf gearbeitet haben, wie die vorgeschriebene Lehrzeit beträgt.

- nachweisen können, dass sie beruflichen Unterricht besucht oder die Fachkenntnisse auf andere Weise erworben haben.

Viele Berufs- und Privatschulen führen spezielle Kurse durch, welche Erwachsene auf Lehrabschlussprüfungen vorbereiten.

Wiedereinstieg mit Hilfe der Arbeitslosenkasse

Frauen, die wegen Scheidung oder Tod des Ehemannes zum Wiedereinstieg gezwungen sind, haben das Recht auf eine beschränkte Zahl von Taggeldern der Arbeitslosenkasse, wenn sie keine Stelle finden. Die Arbeitslosenversicherung hilft unter bestimmten Voraussetzungen auch, Kurse zur Umschulung oder Weiterbildung zu finanzieren. Gehen Sie zum nächsten Arbeitsamt. Lassen Sie sich beraten.

Stellensuche nach langjähriger Betriebszugehörigkeit

Erfahrungsgemäss haben Personen, die zehn oder mehr Jahre in ein und demselben Betrieb tätig waren, mehr Mühe bei der Stellensuche als andere, die häufiger den Arbeitgeber wechselten. Die folgenden Hinweise sollen Ihnen helfen, auch nach langjähriger Betriebszugehörigkeit die richtige neue Stelle zu finden.

Statistische Erhebungen haben gezeigt, dass der grösste Teil jener Berufstätigen, die nach langjähriger Betriebszugehörigkeit den Arbeitgeber wechseln, die falsche Stelle annimmt und bald darauf wieder austritt. Der Grund dafür liegt nicht in der mangelnden Qualifikation dieser Leute, sondern in der Tatsache, dass sie keine Übung in der Stellensuche bzw. *im Beurteilen der richtigen Stelle* haben. Sie nehmen zu viele Dinge als gegeben hin und erwarten überall die gleiche Struktur und Organisation wie an ihrem alten Arbeitsplatz. Dadurch versäumen sie es, die richtigen Fragen zu stellen und die Antworten entsprechend zu werten.

Wenn Ihre letzte Stellensuche schon viele Jahre her ist, dann sollten Sie sich bei Ihren Bewerbungen besonders viel Zeit lassen und das Pro und Kontra der einzelnen Stellen genau unter die Lupe nehmen. Verhindern Sie, dass Sic ungewollt in eine Übergangslösung hineinrutschen. Wenn Sie unsicher sind, verlangen Sie lieber ein weiteres Gespräch oder sogar einen «Schnuppertag», an dem Sie möglichst viel über den Tagesablauf in der betreffenden Firma zu sehen und zu hören bekommen. Lassen Sie sich vom Gefühl *und* vom Verstand leiten. Erst wenn beide ja sagen, sollten Sie den neuen Vertrag unterschreiben.

Sich vorstellen kann man üben!

Sprechen Sie mit guten Freunden, auf deren Diskretion Sie sich verlassen können, über Ihre Absichten. Fragen Sie nach ihren Erfahrungen und Enttäuschungen. Erkundigen Sie sich umfassend über den Arbeitsmarkt und die gängigen Saläre. Das Wichtigste ist jedoch, dass Sie wieder lernen, sich vorzustellen. Senden Sie daher zunächst Bewerbungen an Firmen, die Sie als Arbeitgeber in Betracht ziehen, die aber nicht ganz zuoberst auf Ihrer Präferenzliste stehen. Kommt es zu einem Vorstellungsgespräch, so führen Sie dieses nach bestem Wissen und Gewissen, um herauszuspüren, worauf es ankommt. Versuchen Sie, diese Vorstellungsgespräche nicht zu ernst zu nehmen. Denken Sie daran, dass Sie vorläufig noch «trainieren» müssen. Mit der Zeit werden Sie sich sicher fühlen und gelernt haben, sich auszudrücken, Ihre Ziele zu formulieren und sich Ihrem Gesprächspartner erfolgreich zu verkaufen.

Zwischenzeugnis ja oder nein?

Wenn Sie Ihre ganze oder einen guten Teil Ihrer Berufstätigkeit beim selben Arbeitgeber verbracht haben, verfügen Sie neben dem Lehrabschlusszeugnis und vielleicht ein paar recht weit zurückliegenden Arbeitszeugnissen über keine Leistungsausweise. Und da Sie in ungekündigter Stellung sind, haben Sie auch kein Zeugnis über Ihre jetzige Tätigkeit.

Gemäss Obligationenrecht haben Sie jederzeit Anrecht auf ein Zwischen- oder Interimszeugnis. Sie können dies ohne Grundangabe bei

Ihrem Vorgesetzten oder dem Personalchef verlangen. Ein gutes Zwischenzeugnis hilft Ihnen bei der Stellensuche enorm. Es gibt Auskunft über Ihre verschiedenen Funktionen, enthält Angaben über allfällige Beförderungen und vor allem eine Beurteilung Ihrer Arbeitsleistung und Ihres Charakters. Achten Sie auf die Formulierungen des Zeugnisses (siehe Seite 79). Am Schluss sollte etwa eine Wendung wie die folgende zu lesen sein: «... und wir hoffen sehr, dass wir noch möglichst lange auf die Mitarbeit von Frau/Herrn ... zählen können.» Mit einer solchen Äusserung zeigt die Firma klar, dass sie Sie nicht gerne verliert und dass Sie als wertvolle Arbeitskraft geschätzt werden. Steht nichts Derartiges im Zwischenzeugnis, muss der Leser annehmen, dass man nichts dagegen hat, wenn Sie sich nach einer neuen Beschäftigung umsehen, im Gegenteil ...

Aufgepasst: *Nicht jeder Arbeitgeber reagiert positiv,* wenn Sie ein Zwischenzeugnis verlangen. Denn mit Ihrer Bitte geben Sie natürlich zu verstehen, dass Sie Veränderungsabsichten haben. In den meisten Fällen wird man das Gespräch mit Ihnen aufnehmen und herauszufinden versuchen, wo Sie der Schuh drückt. Wenn die Firma Sie wirklich nicht verlieren will, wird sie mit Ihnen zusammen eine Lösung suchen. Es kann aber auch sein, dass Ihr Arbeitgeber Sie seinen Unmut spüren lässt. Dies ist vor allem in Familienbetrieben oder kleineren Unternehmen der Fall, wo eine Kündigung oft als eine Art «Verrat» angesehen und auf die Karrierebedürfnisse der Mitarbeiter keine Rücksicht genommen wird.

Ein idealer Zeitpunkt für das Anfordern eines Zwischenzeugnisses ist dann gegeben, wenn einer Ihrer Vorgesetzten eine andere Aufgabe übernimmt oder aus der Firma austritt. Da er Sie aufgrund der direkten Zusammenarbeit bestens kennt und Sie ihn nachher aus den Augen verlieren können, ist ein Zwischenzeugnis sinnvoll, und er wird es Ihnen gerne ausstellen.

Wenn Sie befürchten, es könnte Ihnen schaden, ein Zwischenzeugnis zu verlangen, bleibt Ihnen noch ein anderer Weg offen. Erstellen Sie selbst einen detaillierten Aufgabenkatalog über Ihre Tätigkeit und schreiben Sie dazu, ob und wann Sie in eine andere Funktion gewechselt haben, ob und wann Sie eine Unterschriftsberechtigung erhalten haben, wie viele Mitarbeiter Sie führen usw. Diesen Katalog legen Sie dann Ihrer Bewerbung bei. Fügen Sie wenn möglich auch eine Stellenbeschreibung hinzu (selbst wenn sie etwas überholt sein sollte), damit der Empfänger Ihrer Bewerbung etwas mehr über Sie und Ihre Tätigkeit erfahren kann als lediglich, dass Sie von 1980 bis 1994 bei Firma XY als Buchhalter angestellt waren.

Referenzen ausserhalb des Kreises der Vorgesetzten

In einer vollständigen Bewerbung dürfen Angaben über drei bis vier Referenzpersonen, welche über Sie und Ihre Arbeitsweise Auskünfte erteilen können, nicht fehlen. Wenn Sie in ungekündigter und langjähriger Stellung sind, können Sie nur mit wenigen oder sehr lange zurückliegenden Referenzen aufwarten. Machen Sie sich deshalb Gedanken, wen Sie aus privatem Kreis angeben könnten. Haben Sie einen Verwandten oder Freund, der eine wichtige Position innehat oder in der Öffentlichkeit bekannt ist? Vielleicht kennt Sie jemand sehr gut, der in der Politik tätig ist oder mit Ihnen in irgendeiner Form als Kunde, Lieferant oder Berater zusammengearbeitet hat. Selbst Vorstandsmitglieder eines Vereins, in dem Sie seit längerer Zeit mitmachen, können etwas über Sie aussagen. Ideale Referenzpersonen können auch Ihre militärischen Vorgesetzten sein.

Wenn Sie in den letzten Jahren ein Weiterbildungsseminar besucht oder eine Zweitausbildung abgeschlossen haben, eignet sich eventuell auch ein Lehrer als Referenz, vorausgesetzt, er kennt Sie wirklich. Der Referent eines Zweitagesseminars mit 50 Teilnehmern wird sich kaum an Sie erinnern können.

Wichtig ist, dass Sie diese Personen vorher anfragen, ob Sie sie als Referenzen nennen dürfen. Nur so ist gewährleistet, dass sie zum gegebenen Zeitpunkt richtig reagieren und sich auch auf ihre Aufgabe vorbereiten können.

Erstellen Sie eine Referenzliste und geben Sie an, wo und unter welcher Telefonnummer man diese Personen erreichen kann. Wenn Sie verhindern wollen, dass man Ihre Gewährsleute bereits vor einem persönlichen Gespräch mit Ihnen kontaktiert, erwähnen Sie dies in Ihrem Bewerbungsschreiben.

Stellensuche im fortgeschrittenen Alter

Ältere Bewerber haben es schwer auf dem Stellenmarkt. Die Inserate nennen meist ein Idealalter von 25 bis 35 Jahren. Wer nicht mehr «jung und dynamisch» ist, muss sich auf Enttäuschungen und eine lange Stellensuche gefasst machen.

Als Michail Gorbatschow mit seinen 54 Jahren zum Kremlherrn erkoren wurde, hiess es in der Presse, nun komme in der Sowjetunion die jüngere Generation ans Ruder. Sein damaliger Gegenspieler, Ronald Reagan, war weit in den Siebzigern. Beiden traute man offenbar zu, Weltmächte zu regieren. Wären sie jedoch in der Schweiz auf Jobsuche gewesen, hätten sie kaum eine Chance gehabt. Nur wenige Manager und Geschäftsleiter sind bereit, Bewerber, die über 40 Jahre alt sind, einzustellen, und noch weniger ziehen einen 50jährigen Kandidaten überhaupt noch in Erwägung.

Die Benachteiligung der älteren Arbeitnehmer ist ungerecht. Sie ist auch schwer verständlich, denn schliesslich werden wir alle älter, auch der dynamische Personalchef, der einem älteren Bewerber mit ein paar nichtssagenden Zeilen eine Absage erteilt. Wer 40jährige zum alten Eisen wirft, verbaut sich ein Stück weit seine eigene Zukunft. Trotzdem: Wir haben es mit einer Tatsache zu tun und müssen lernen, damit umzugehen.

Junge Leute profitieren von positiven Vorurteilen: Sie gelten als aktiv und beweglich, man nimmt an, sie hätten neue Ideen und setzten sich für eine Sache vorbehaltlos ein, schon deshalb, weil sie sich selbst beweisen wollen. Ausserdem seien sie noch «formbar». Sie seien nicht festgefahren und beharrten nicht so sehr auf «ihrer Art», eine Aufgabe zu erledigen.

Im Gegensatz dazu hält man ältere Leute für kompliziert und unbeweglich. Man nimmt an, dass sie nicht mehr im gleichen Mass belastbar sind und sich nur noch wohl fühlen, wenn sie eine Arbeit so erledigen können, wie sie es «von früher her» gewohnt sind. Auch sagt man, ältere Leute seien weniger lern- und aufnahmefähig und litten hie und da schon an gesundheitlichen Beeinträchtigungen.

Unterstützung bei der Stellensuche leistet «Pro Fünfzig Plus Selbsthilfegenossenschaft». Die Organisation wird vom KIGA und der Stadt Zürich subventioniert. Als Stellensuchender bzw. Genossenschafter bezahlen Sie einen bescheidenen Beitrag und bekommen neben beratender Hilfe auch Kontakt zu Firmen, welche Frauen ab 40 und Männer ab 45 anstellen. Mitglied können Sie auch «prophylaktisch» werden, wenn Sie zum Beispiel baldigen Reorganisationen in der Firma entgegensehen oder sich Ihr Arbeitgeber mit einem Umzug befasst (Adresse siehe Anhang).

Natürlich haben ältere Mitarbeiter auch Vorteile: besseres Durchhaltevermögen, erhöhte Ausdauer, Lebenserfahrung sowie eine optimale Loyalität gegenüber dem Arbeitgeber. Sie werden kaum nach einer teuren und intensiven Ausbildung die Firma wieder verlassen, um anderswo ihr Glück zu machen. Diese Eigenschaften zählen in unserer schnelllebigen Zeit jedoch wenig. Jedenfalls müssen bestandene Semester auf Stellensuche immer wieder diese Erfahrung machen.

Sind Altersbeschränkungen in Inseraten ernst zu nehmen?

«Idealalter zwischen 25 und 38 Jahren», so etwa heisst es in den Stelleninseraten. Einige wenige Firmen gestehen dem zukünftigen Geschäftsführer oder Finanzdirektor 45 Jahre zu. Aber dann wird die Spitze eng, und man sieht äusserst selten eine Altersgrenze bis zu etwa 48 Jahren.

Das Wort «Idealalter» zeigt bereits, dass es sich hier um einen *Wunsch* der inserierenden Firma handelt. In bezug auf das Alter gilt bei der Stellensuche damit dasselbe wie für alle anderen Anforderungen. Lassen Sie sich nicht von einer Bewerbung abhalten, wenn Sie ein paar Jahre über dem gegebenen Rahmen liegen, aber die übrigen Voraussetzungen erfüllen. Fragen Sie auch nicht erst telefonisch an, ob ein Bewerber im Alter von ... nicht doch noch in Frage käme. Auf diese Weise können Sie sich die Türe verschliessen, ohne sie richtig geöffnet zu haben. In den meisten Fällen wird man auf dem Alter im Inserat beharren und Ihnen eine negative Antwort geben. Ihr Gesprächspartner am Telefon konnte sich ja nicht aufgrund Ihrer Bewerbungsunterlagen von Ihren anderen Qualifikationen überzeugen und reagiert daher abweisend.

Lassen Sie sich von vielen Absagen nicht entmutigen. Sie haben es schwerer als jüngere Bewerber, aber Chancen gibt es trotzdem. Sie müssen nur etwas länger danach suchen. Es gibt Firmen, welche dank guten Erfahrungen mit älteren Mitarbeitern gerne solche engagieren. Versuchen Sie, aufgrund von Geschäftsberichten, Inseraten oder Berichten in der Wirtschaftspresse zu erfahren, welche Firmen am ehesten bereit sein könnten, sich aufgeschlossen gegenüber älteren Mitarbeitern zu zeigen. Oft sind auch Firmen, welche durch ein älteres Management oder einen älteren Inhaber geprägt sind, offener gegenüber Mitarbeitern im fortgeschrittenen Alter. Wenn Sie solche Firmen in Ihrer Branche ausfindig gemacht haben, schreiben Sie sie doch einfach an (siehe Kapitel «Die unaufgeforderte Bewerbung», Seite 85).

Hinweise zur Gestaltung der Bewerbung

Natürlich müssen Sie als älterer Bewerber tadellose Unterlagen einreichen. Verzichten Sie darauf, in Ihrem Bewerbungsschreiben speziell auf Ihr Alter oder Ihre «jahrelange» Erfahrung aufmerksam zu machen. Sie sollten den Punkt, der vom Anforderungsprofil abweicht, nicht zum vornherein betonen.

Als älterer Bewerber haben Sie ein längeres Berufsleben hinter sich als Ihre jungen Kollegen. Ihr Lebenslauf wird deshalb umfangreicher ausfallen als derjenige eines 30jährigen. Machen Sie nicht den Fehler, Ihr fortgeschrittenes Alter mit entsprechend viel Text, Dokumenten oder aufwendiger äusserer Aufmachung Ihrer Bewerbung zu kompensieren. Ihre Chancen verbessert das nicht. Legen Sie beim Abfassen der Bewerbung das Schwergewicht auf die Gegenwart, auf Ihre jetzige und Ihre letzte, allenfalls die vorletzte Stelle.

Wenn Sie die schwierigste Hürde einmal genommen haben und zu einem Vorstellungsgespräch eingeladen werden, liegt es an Ihnen, zu zeigen, dass Sie es noch mit jedem jüngeren Konkurrenten aufnehmen können. Beweisen Sie dies dem Interviewer mit Ihrem Verhalten in der Verhandlung, durch Ihr positives, selbstbewusstes Auftreten. Gehen Sie nicht zum Interview mit der Haltung eines Menschen, der um eine letzte Chance bittet.

Konzessionen machen?

Wenn Sie unbedingt darauf angewiesen sind, eine neue Stelle zu finden, wird Ihnen unter Umständen nichts anderes übrig bleiben, als in bezug auf Lohnhöhe oder Hierarchie Abstriche zu machen. Aber Achtung: Es erscheint einem Arbeitgeber nicht grundsätzlich positiv, wenn ein Kandidat extreme Lohneinbussen in Kauf nimmt. «Warum hat er das nötig?» wird man sich fragen. Zumindest ist zu befürchten, dass ein solcher Mitarbeiter sofort wieder austreten wird, wenn ihm eine besser bezahlte Stelle offeriert wird.

Es kommt also sehr darauf an, wie Sie die Lohnverhandlungen führen. Am besten nennen Sie in Ihrem Lebenslauf noch keinen Lohnwunsch, sondern verhandeln mündlich beim Vorstellungsgespräch darüber. Fragen Sie, ob man einen gewissen Betrag für die betreffende Position eingesetzt hat, und wenn man Ihren Vorschlag hören möchte, nennen Sie eine *Diskussionsbasis* (vielleicht sogar eine Spannweite von ... bis ...) und nicht eine Lohnforderung. Damit lassen Sie sich Spielraum für Verhandlungen, ohne sich zum vornherein zu limitieren.

Sind Sie erst einmal angestellt und konnten Sie beweisen, dass Sie ebensoviel leisten wie jüngere Mitarbeiter, wird man Ihr Salär in den kommenden Jahren wieder anpassen. Sie können entsprechende Fragen bereits beim Interview stellen, um abschätzen zu können, wie lange es dauern wird, bis Sie wieder auf dem jetzigen Salär sind.

Reagieren Sie während der Verhandlungen nicht stur, unbeweglich, eingefahren, verletzt, mürrisch oder so ähnlich. Damit bestätigen Sie nur Vorurteile, die man älteren Personen gegenüber hegt. Stellen Sie Ihr Licht nicht unter den Scheffel, aber zeigen Sie auch Verständnis für die Probleme des Arbeitgebers.

Ratschläge an Arbeitnehmer und Arbeitgeber

Das kantonale Arbeitsamt Basel-Landschaft hat vor einiger Zeit zusammen mit Arbeitgebervertretern des Kantons eine Broschüre zum Fragenkomplex «ältere Arbeitslose» verfasst. Unter anderem wird darin den *Arbeitnehmern* dringend empfohlen, «auch bei einer scheinbar gesicherten Stellung sich gelegentlich Rechenschaft darüber zu geben, was sie bei plötzlicher Arbeitslosigkeit tun würden. Die Augen sind offen zu halten für Vorgänge in der eigenen und in verwandten Berufssparten und Branchen. Die eigene Arbeit und das eigene Verhalten im Betrieb sind beim Älterwerden kritisch zu verfolgen, damit eine optimale Anpassung an die sich wandelnde Arbeitswelt erfolgen kann.»

Den *Arbeitgebern,* «deren zuständige Vertreter zumeist kaum je das Schicksal eines Arbeitslosen erlebt haben», rät die Broschüre, sie «sollten sich von Zeit zu Zeit vergegenwärtigen, was es heisst, eine grosse Zahl von Bewerbungen zu machen und jedes Mal aus Altersgründen, eventuell kombiniert mit dem Hinweis auf Überqualifikation …, eine Absage zu erhalten … Bedenken wegen der Einarbeitung und Umschulung älterer Mitarbeiter sollten nicht übergewichtet werden, denn auch jüngere Arbeitskräfte erfordern diese Vorkehren und geben keine Garantie, dem Betrieb länger erhalten zu bleiben als die älteren.»

Der wirtschaftlich aufgezwungene Stellenwechsel

Ich verliere meine Stelle – was ist zu tun? Auch wenn der Schock noch nachwirkt, ist sofortiges Aktivwerden die beste Medizin. Suchen Sie auf allen Kanälen und gehen Sie auch ihren jetzigen Arbeitgeber um Unterstützung an.

Jetzt ist es *Ihnen* passiert. Ihre Abteilung wird geschlossen, Ihre Stelle wegrationalisiert – kurz, Sie werden Ihren Arbeitsplatz nächstens verlieren. Auch hier gilt, dass Sie sich auf jeden Fall kündigen lassen werden und nicht aus einem gewissen Stolz heraus lieber selbst den Brief mit grosser Tragweite abschicken. Sie könnten sonst, falls Sie nicht gleich wieder eine Stelle finden und arbeitslos werden, finanzielle Einbussen erleiden (siehe auch Seite 37).

Sollten Sie seit längerer Zeit in einer anspruchsvollen Tätigkeit intensiv und viel gearbeitet haben, ist die Versuchung vielleicht gross, eine sogenannte kreative Pause einzuschalten. Ein paar Monate ohne Salär können Sie leicht verkraften, und Lust auf einen Unterbruch haben Sie auch. Trotzdem sollten Sie diesen Gedanken gleich wieder vergessen. Das wohlverdiente Ausspannen ist dann angesagt, wenn Sie eine vielversprechende neue Herausforderung gefunden haben, aber nicht einfach so ins Blaue hinaus. Die Gefahr ist zu gross, dass Sie durch das Warten, Nicht-gebraucht-Werden und die Ungewissheit über Ihre Zukunft in ein psychisches Tief fallen. Es braucht oft mehr Zeit und Durchstehkraft, als man gemeinhin annimmt, um zu *der* Stelle zu kommen. Ist man erst einmal aus dem Arbeitsprozess draussen, wird's oft schwierig, wieder hinein zu kommen.

Das sollten Sie sofort unternehmen

Texten Sie ein möglichst sachliches, informatives und trotzdem kurzes Chiffreinserat (Beispiele siehe Seite 52). Ihren Jahrgang zu erwähnen ist kein Muss. Achten Sie auf ein offenes Ende, die Formulierung könnte etwa lauten: «... sucht selbständige Aufgabe», «... sucht Führungsposition», «... sucht Tätigkeit auf angestammtem oder verwandtem Gebiet». Dadurch erreichen Sie eine grössere Auswahl an Offerten, als wenn Sie die gewünschte Funktion, den geographischen Ort oder die Branche zu eng umschreiben. Lassen Sie dieses Inserat etwa zweimal in ein bis zwei Zeitungen erscheinen.

Wenden Sie sich an einige für Ihre Berufskategorie spezialisierte Personalberatungen. Die richtigen finden Sie im Telefonbuch, in den Gelben Seiten oder auch aufgrund von entsprechenden Inseraten in den Stellenanzeigern. Rufen Sie die Beratungen an, um herauszufinden, ob man für Sie geeignete Stellen hat und wie die Agentur arbeitet – auf Firmenmandatsbasis; mit Stellen- bzw. Bewerberbulletin, in welches Sie mit einem Blindlebenslauf aufgenommen werden könnten; oder indem man für Sie, zum Teil gegen Entgelt, aktiv auf Stellensuche geht und Kunden oder inserierende Firmen anruft. Ziel dieser Abklärungen ist auch, Näheres über die Seriosität der Beratung zu erfahren und zu erspüren, ob die Kontaktperson zu Ihnen passt und auf Ihre Anliegen eingeht.

Wenn man schnell zu einer neuen Stelle kommen will (oder muss), tut man gut daran, vor allem am Anfang – sofort nach Bekanntwerden und möglichst schon, bevor die Kündigung im Briefkasten liegt – alle Hebel in Bewegung zu setzen, damit verschiedene Projekte anlaufen können. Dazu gehört auf jeden Fall auch das Studium aller Zeitungsinserate und das Reagieren auf Stellenofferten, auch wenn diese nicht ganz ideal erscheinen. Es geht ja darum, dass Sie am Tag X eine neue Tätigkeit aufnehmen können und nicht zu Hause herumsitzen müssen. Die ideale

Stelle (oder eine so rundum befriedigende wie bisher) zu finden, dauert auch in wirtschaftlich florierenden Zeiten gut und gerne ein paar Monate. Bei Kaderstellen kann die Suche – nicht nur in Ausnahmefällen – ein halbes Jahr in Anspruch nehmen. Verlieren Sie deshalb keine Zeit und befreunden Sie sich möglichst früh mit dem Gedanken, eine sogenannte Kompromiss-Stelle anzunehmen, bei der nicht alle Punkte optimal erfüllt werden. Denn auch bei einer «Traumstelle» wird der Traum im Alltag schnell zur Realität, und genau so gut kann sich eine halbwegs ideale Stelle in der Praxis zur absolut befriedigenden Anstellung mausern. Beschäftigung sollte vor Arbeitslosigkeit stehen, damit es Ihnen auch später psychisch gut geht und Ihr Lebenslauf nicht durch eine wenig attraktive Passage belastet wird.

Beschäftigung vor Arbeitslosigkeit – zu welchem Preis?

Wie oben gesagt: Es kann ratsam sein, auch eine nur halbwegs befriedigende Stelle anzunehmen. Vor allem nämlich, um die belastende Situation der Arbeitslosigkeit zu vermeiden. Wie weit aber soll Ihre Kompromissbereitschaft gehen? Darüber entscheiden Sie natürlich ganz persönlich, je nach Alter, Lebenssituation und finanzieller Belastung. Hier ein paar Entscheidungshilfen:

● Sie fühlen sich in der besuchten Firma und im Kreis der getroffenen Leute äusserst unwohl, und der Gedanke, dort zu arbeiten, löst mulmige Gefühle bei Ihnen aus. Auf diese Gefühle sollten Sie hören, denn in einer solchen Situation werden Sie nie motiviert und effizient arbeiten können.

● Finanzielle Kompromisse sind je nach Ihrem bisherigen Salär vielleicht angebracht, damit Sie mit anderen Kandidaten konkurrenzieren können. Die untere Limite wird aber dort liegen müssen, wo Sie und Ihre Familie noch einigermassen im gewohnten Rahmen weiterleben können. Allzu grosse Lohnkompromisse neuer Mitarbeiter werden übrigens von fairen und weitsichtigen Arbeitgebern nicht gern gesehen. Sie wissen, dass Lohn auch Wertschätzung bedeutet und dass zu tief «hereingenommene» Mitarbeiter unmotiviert arbeiten und beim nächsten höheren Angebot wieder abspringen können.

• Ihrem beruflichen Background völlig entgegengesetzte Tätigkeiten wirken sich bei einem späteren Wiedereinstieg in Ihre Branche erschwerend aus. Dies gilt vor allem für sich so schnell verändernde Gebiete wie Technik, Computer/Informatik, Forschung, Medizin usw. Drehen Sie also Ihre berufliche Ausrichtung nicht gleich um 180 Grad, sondern suchen Sie Arbeit in einem möglichst verwandten Gebiet, wenn Sie einen homogenen Lebenslauf sichern möchten. Wollen Sie andererseits den unfreiwilligen Stellenwechsel für die Realisierung eines lange gehegten Job-Wunsches in einer ganz anderen Richtung benutzen, werden Sie heute und auch später plausible Gründe anführen können. Aber überlegen Sie sich einen solchen Schritt gut!

• Die besuchte Firma gehört zu einer sehr unsicheren Branche oder bietet von ihrer individuellen Situation her keine Garantie für eine längere Zukunft. Das braucht Sie nicht unbedingt abzuschrecken. Denken Sie daran, dass Sie in keiner Firma (auch nicht einmal bei Staatsstellen) eine 100prozentige Sicherheit erwarten können. Dafür ist die heutige und zukünftige Wirtschaft viel zu stark Veränderungen und Bewegungen unterworfen.

Gelingt es Ihnen nicht, während der Kündigungsfrist *die* Stelle oder einen akzeptablen Kompromiss zu finden, beginnt für Sie wahrscheinlich eine völlig neue, bis anhin unvorstellbare Phase der Arbeitslosigkeit. Denken Sie daran, dass Sie nicht der einzige Mensch sind, der mit dieser Situation fertig werden muss.

Sie und Ihre direkte Umgebung müssen zuerst mit dieser Veränderung leben lernen, und das verlangt viel Energie. Zögern Sie deshalb nicht, wenigstens die finanzielle Seite zu regeln, und gehen Sie sofort zur Arbeitslosenversicherung (mehr dazu ab Seite 145). Reden Sie sich nicht aus Scham oder falschem Stolz ein, Sie hätten eine solche Hilfe nicht nötig. Die Arbeitslosenversicherung ist eine öffentliche Sozialversicherung, auf deren Leistungen alle Angestellten ein Anrecht haben. Schliesslich haben Sie jahrelang Ihre Prämie dafür bezahlt; jetzt sind Sie Kunde dieser Einrichtung. Mit Ihren Fähigkeiten oder Ihrem Können hat das nichts zu tun.

Was, wenn keine Stelle in Sicht ist?

Es kann sein, dass Sie innerhalb der gewünschten oder vorhandenen Zeit keine neue Anstellung finden – Sie werden also arbeitslos. Schnellstens wieder eine Arbeit finden, um eine längere Arbeitslosigkeit zu verhindern, sollte Ihr erklärtes Ziel sein. Es gibt zwei gute Gründe dafür: Ihre psychische Verfassung und Ihr zukünftiger Lebenslauf.

In vielen Gesprächen mit arbeitslosen Menschen hat sich gezeigt, dass die Situation auf dem Arbeitsmarkt zu Anfang der Arbeitslosigkeit oft zu optimistisch eingeschätzt wird. Man wartet mit der Suche noch ein bisschen zu. Dieses Zuwarten wird zusehends zum langen Warten auf das Unbekannte. Selbstvertrauen und Optimismus machen schnell der Unsicherheit und der Depression Platz.

Dazu kommt die Tatsache, dass Firmen gegenüber arbeitslosen Bewerbern zum Teil mit Vorbehalt reagieren. Sie werden also immer wieder erklären müssen, weshalb Sie aus dem Arbeitsprozess hinauskatapultiert wurden. Vielleicht wird Ihre Bewerbung je nach Vorurteil sogar von Anfang an auf den «Nein-Stapel» gelegt.

Den besten Eindruck machen Sie, wenn Sie – ob bereits arbeitslos oder noch in Kündigung – irgendwelche beruflichen Aktivitäten ankündigen oder ausweisen können. Ob Sie planen, bei einem Bekannten in seinem Detailhandels-Geschäft auszuhelfen, einen Nachbarn bei der Renovation seines Hauses zu unterstützen, einen Weiterbildungskurs in Informatik, Arbeitstechnik, Sprachen, Mitarbeiterführung usw. zu besuchen, oder ob Sie in einem Arbeitslosen-Projekt engagiert sind, Sie dokumentieren damit Ihre Belastbarkeit. Sie zeigen, dass Sie fähig sind, aus einer nicht einfachen Situation (mit der wir alle auch am Arbeitsplatz immer wieder konfrontiert sind) das Beste zu machen.

Nehmen Sie einen Teilzeit- oder einen Aushilfejob an, so dass Ihnen zwar noch genügend Zeit zur Stellensuche bleibt, Sie aber nicht zu Hause versauern. Wenn Sie dabei weniger verdienen, als Sie an Arbeitslosenunterstützung zugut hätten, zahlt Ihnen die Arbeitslosenkasse für eine begrenzte Zeit 80 Prozent Ihres Verdienstausfalls.

Entschliessen Sie sich – vor allem wenn Sie jung oder sonst unabhängig und ohne grössere finanzielle Verpflichtungen sind – für einen Diplom-Lehrgang, holen Sie einen Lehrabschluss nach oder schalten

Sie einen Auslandaufenthalt ein. So lernen Sie dazu, vervollkommnen eine Sprache und machen eine für Ihre Persönlichkeitsentwicklung wichtige Erfahrung. Unter gewissen Umständen leisten auch die Arbeitslosenkassen Beiträge an Umschulungs- und Weiterbildungskurse. Informieren Sie sich beim Arbeitsamt.

Mit solchen und ähnlichen sinnvollen Aktivitäten wirken Sie dem Eindruck entgegen, Sie wollten sich auf Kosten der Arbeitslosenversicherung ausruhen, um dann gelegentlich einen neuen Job zu suchen. Sie zeigen Ihr Verantwortungsgefühl. Das beeindruckt einen zukünftigen Arbeitgeber – und Sie tun sich selbst damit den grössten Gefallen.

Unterstützung durch den jetzigen Arbeitgeber/Outplacement

Wenn Sie wegen Reorganisation, Restrukturierung oder aus Gründen eines Firmenzusammenschlusses Ihren Arbeitsplatz verlieren, können Sie unverbindlich Ihren Noch-Arbeitgeber um Hilfe angehen. In oberen Führungsfunktionen ist das Outplacement seit Jahren ein Begriff. Der ausscheidende Manager wird durch den Outplacement-Spezialisten bei der Festlegung seiner neuen beruflichen Zielsetzung, der Zusammenstellung seiner Bewerbungsunterlagen, beim verkaufsfördernden Verhalten in Vorstellungsgesprächen und bei der Entscheidungsfindung für die richtige Stelle unterstützt. Die recht hohen Kosten werden ausschliesslich durch das Unternehmen getragen.

Viele Firmen sind heute auch auf mittlerer und unterer Kaderebene sowie in gewissen Fällen auch bei weiteren Angestellten bereit, aktive Unterstützung bei der Stellensuche und eine finanzielle Abgeltung in Form einiger Monatsgehälter zu leisten. Man denke an Sozialpläne, in deren Rahmen der Personalchef mit anderen Firmen der Branche oder der Region Kontakt aufnimmt, um Sie dort «unterzubringen». Man wird Ihnen möglicherweise individuelle Beratung leisten oder Sie mindestens durch ein internes Sekretariat von der Arbeit und den Kosten der zahlreichen Bewerbungsschreiben und -dossiers entlasten. Keine Firma ist zu der einen oder anderen Hilfestellung rechtlich verpflichtet. Moralisch wird sie sich in vielen Fällen gezwungen sehen, freiwillig einen Beitrag zu Ihrer Existenzsicherung zu leisten. Zögern Sie deshalb nicht, höflich anzuklopfen!

Arbeitslos
und auf Stellensuche

Arbeitslosigkeit ist aus mehreren Gründen eine schwere Belastung. Zu den finanziellen Sorgen kommen die psychischen Probleme wie Verunsicherung, Isolation und das Gefühl, ein Versager zu sein. Denn in unserer Gesellschaft zählt nur, wer «etwas leistet» und dafür möglichst gut honoriert wird.

Es kann jedem Berufstätigen passieren, einmal im Lauf seiner Karriere arbeitslos zu werden. Auch hochqualifizierte Arbeitskräfte können ihre Stelle durch Betriebsschliessungen, Unternehmenszusammenschlüsse, Umorganisationen oder auch aufgrund schwerer Meinungsverschiedenheiten mit dem Vorgesetzten verlieren. Arbeitslosigkeit lässt sich somit nicht immer vermeiden. Indem Sie die folgenden Regeln beachten, können Sie das Risiko, einmal ohne Stelle auf der Strasse zu stehen, jedoch deutlich reduzieren:

● Beobachten Sie von Zeit zu Zeit den Arbeitsmarkt – auch wenn Sie keine Veränderungsabsichten haben – und prüfen Sie, wie Ihre Chancen stehen, eine neue Stelle zu finden (siehe Kapitel «Welchen ‹Wert› haben ich auf dem Arbeitsmarkt?», Seite 29).

● Halten Sie Ihre Berufskenntnisse à jour, und bilden Sie sich weiter. Anschluss an neue Technologien nicht verpassen!

- Entlassungen werden in der Regel nicht aus heiterem Himmel ausgesprochen. Achten Sie auf erste Anzeichen wirtschaftlicher Schwierigkeiten in Ihrer Firma: vorzeitige Pensionierungen, Nichtersetzen von Abgängen, Kurzarbeit, Unregelmässigkeiten in der Lohnzahlung, Schulden gegenüber Lieferanten, Berichte in der Wirtschaftspresse usw. Suchen Sie rechtzeitig einen neuen Arbeitsplatz.

- Seien Sie kritisch dem eigenen Verhalten und Ihren Leistungen gegenüber. Rechnen Sie damit, dass Ihre Vorgesetzten anders über Ihre Qualifikation denken als Sie. Bitten Sie von Zeit zu Zeit um Qualifikationsgespräche, falls dies in Ihrer Firma nicht ohnehin üblich ist.

- Kündigen Sie nicht, bevor Sie eine neue Stelle haben. Zwingt Sie der Arbeitgeber zu kündigen (weil er sonst Ihnen kündigt), erwähnen Sie in Ihrem Schreiben, dass Sie nicht freiwillig gehen. So ersparen Sie sich Schwierigkeiten mit der Arbeitslosenkasse (siehe Seite 37).

Aktiv bleiben trotz Arbeitslosigkeit

Wenn Sie trotz allem arbeitslos werden, dann heisst die wichtigste Regel: Bleiben Sie aktiv und verkriechen Sie sich auf keinen Fall ins Schneckenhaus. Es ist zwar verständlich, dass in unserer Leistungsgesellschaft mancher Arbeitslose seine Situation als schweren Schicksalsschlag und womöglich als Schande empfindet. Schuldgefühle und Selbstzweifel sind jedoch fehl am Platz, ja sogar gefährlich. Sie können in einen Teufelskreis münden, aus dem es kein Entrinnen gibt. Viele Arbeitslose gehen mutlos an die Stellensuche und werden mit jeder Absage, die sie erhalten, noch mutloser. Diese Verunsicherung strahlen sie bei den Vorstellungsgesprächen aus, was weitere Absagen zur Folge hat. Ihre Lage wird dadurch immer hoffnungsloser.

Suchen Sie sich jeden Tag eine Beschäftigung neben Ihrer Stellensuche! Berufsbezogene Aktivitäten sind natürlich am besten (siehe auch Seite 139). Oder führen Sie Reparaturarbeiten in Ihrer Wohnung aus, helfen Sie den Kindern bei den Schulaufgaben, lesen Sie Fachliteratur, besuchen Sie Kunstausstellungen und versuchen Sie nach wie vor, einen bestimmten Lebensrhythmus einzuhalten.

Sprechen Sie mit Ihrer Partnerin oder Ihrem Partner sowie mit guten Freunden über Ihre Situation und Ihre Zukunftsmöglichkeiten. Erkundigen Sie sich, ob es an Ihrem Wohnort Selbsthilfegruppen oder Beratungsstellen gibt, die sich auf die Probleme Arbeitsloser spezialisiert haben (Kontaktadressen finden Sie im Anhang). In vielen Städten werden auch Weiterbildungs- und Umschulungskurse für Arbeitslose durchgeführt sowie befristete Arbeitseinsätze vermittelt. Suchen Sie das Gespräch mit diesen Stellen. Lassen Sie sich beraten, wie Sie Ihre Bewerbung effizienter gestalten können und welche Art von Fortbildung Ihnen helfen könnte.

Die Arbeitslosenversicherung

Es würde den Rahmen dieses Buches sprengen, einen vollständigen Überblick über die komplizierten Bestimmungen des Arbeitslosenversicherungsgesetzes zu geben. Beim Arbeitsamt erhalten Sie die nötigen Informationen. Lesen Sie die abgegebenen Merkblätter genau und fragen Sie, wenn Sie etwas nicht verstehen. Nachfolgend finden Sie die wichtigsten Bestimmungen, welche im Zusammenhang mit der Stellensuche beachtet werden müssen:

● Bemühen Sie sich schon während der Kündigungsfrist intensiv um eine neue Stelle. Bewahren Sie Kopien Ihrer Bewerbungen auf. Notieren Sie sich bei telefonischen und mündlichen Bewerbungen den genauen Namen der Firma, Datum, Zeit und Kontaktperson. Die persönlichen Arbeitsbemühungen werden von der Kasse monatlich geprüft. Sind sie ungenügend, dann kann die Kasse Ihren Taggeldanspruch kürzen. Erwartet werden rund zehn Bewerbungen pro Monat. Es genügt nicht, sich bei einer Stellenvermittlung einzuschreiben.

● Melden Sie sich am ersten Tag der Arbeitslosigkeit beim Arbeitsamt Ihres Wohnortes. Es wird Sie bei der Stellensuche unterstützen. Nötigenfalls berät es Sie auch im Zusammenhang mit Umschulungs- oder Weiterbildungskursen. Unter bestimmten Voraussetzungen bezahlt die Arbeitslosenkasse Beiträge an solche Kurse.

145

● Sie sind verpflichtet, jede zumutbare Arbeit anzunehmen. Das «Stempelgeld» beträgt 70 oder 80 Prozent des versicherten Verdienstes. Massgebend für den höheren Satz sind vor allem Unterstützungsverpflichtungen gegenüber Kindern. Der maximale versicherte Verdienst beträgt 8100 Franken pro Monat (Stand Januar 1994).

● Schon nach wenigen Monaten der Arbeitslosigkeit müssen Sie sich auch um Arbeit ausserhalb des erlernten oder bisher ausgeübten Berufes oder ausserhalb Ihres Wohnortes bemühen. Wenn Sie eine Stelle in einer anderen Region annehmen, kann Ihnen unter Umständen während höchstens sechs Monaten ein Pendlerkostenbeitrag oder ein Beitrag an die Zusatzkosten als Wochenaufenthalter zugesprochen werden. Lassen Sie sich über die Voraussetzungen informieren.

● Arbeitslosenversicherungsgelder bekommen Sie nur, wenn Sie vermittlungsfähig sind. Das bedeutet, dass Sie bereit, in der Lage und berechtigt (insbesondere als Ausländer) sein müssen, sofort eine zumutbare Stelle anzunehmen. Falls Sie tagsüber einen Weiterbildungskurs besuchen oder Ihre Arbeitskraft gratis einer karitativen Organisation zur Verfügung stellen möchten, sollten Sie dies mit der Arbeitslosenkasse absprechen. Denn so widersinnig dies klingt: Sie gelten sonst womöglich nicht mehr als vermittelbar.

Das Arbeitslosenversicherungsgesetz ist streng und wenig tolerant in bezug auf die Sorgen und Probleme der Arbeitslosen. Die Parlamentarier, welche es schufen, wollten in erster Linie verhindern, dass Faulpelze auf Kosten der Allgemeinheit in der Sonne liegen. Diesen Geist bekommen die Arbeitslosen zu spüren. Wer sich in den Augen der Kasse nicht genügend intensiv um Arbeit bemüht (vielleicht weil es in seinem Beruf kaum Stellen gibt) oder seine Arbeitslosigkeit angeblich selbst verschuldet hat, wird mit Taggeldkürzungen bestraft. Die Arbeitslosenversicherung wacht auch über das Wohlverhalten der Arbeitslosen während der Bewerbungsgespräche. Dies zeigt der im Kasten beschriebene authentische Fall, über den ein Versicherungsgericht zu entscheiden hatte.

Strenges Gesetz, strenge Gerichte

Ein Arbeitsloser, der auf Stellensuche war, behielt während des Vorstellungsgespräches seinen Mantel an, weil ihm kalt war. Er forderte ausserdem den Interviewer entschieden auf, nicht zu rauchen, da er dies nicht vertrage. Er bekam die Stelle nicht. Die Arbeitslosenversicherung war der Meinung, der Bewerber habe durch sein Verhalten zum Misserfolg beigetragen. Sie kürzte ihm sein Stempelgeld wegen selbstverschuldeter Arbeitslosigkeit um 18 Tage. Das Gericht bestätigte diese Massnahme.

Wie bewirbt man sich als Arbeitsloser?

Arbeitslosigkeit ist eine grosse psychische Belastung, die zu tiefen Depressionen führen kann. Ausserdem verschlechtern sich die Chancen, eine Stelle zu finden, zusehends, je länger jemand arbeitslos ist. Ihr erstes und wichtigstes Ziel muss es sein, aus dieser Situation so schnell wie möglich herauszukommen.

Es ist daher ratsam, nicht nach einer Superstelle zu suchen, sondern ganz bewusst auch Übergangslösungen in Betracht zu ziehen. Tätigkeit, Arbeitsweg, Lohn usw. mögen nicht genau dem entsprechen, was Sie suchen, aber der Spatz in der Hand ist in dieser Lage besser als die Taube auf dem Dach. Lange Phasen von Arbeitslosigkeit im Lebenslauf sind negativ. Sie werden bei jeder Bewerbung darauf angesprochen werden.

Benützen Sie eine solche Übergangsstelle als Sprungbrett. Nehmen Sie sich dort alle nötige Zeit, nach dem idealen Posten Ausschau zu halten. Auch wenn dies bis zu einem Jahr dauern kann, gewinnen Sie mehr, als wenn Sie zu Hause abwarten.

Achten Sie ganz besonders auf Stil und Präsentation Ihrer Bewerbungsunterlagen. Bemühen Sie sich trotz allem – so schwer es Ihnen auch fallen mag – um eine positive Haltung während der Vorstellungsgespräche. Bleiben Sie kritisch, stellen Sie Fragen. Auch wenn Sie noch so sehr auf die Stelle angewiesen sind: der Interviewer braucht nicht zu merken, dass er Ihre letzte Hoffnung ist.

Wenn man Sie über die Gründe für Ihre Arbeitslosigkeit befragt, geben Sie kurz und sachlich Auskunft. Verlieren Sie sich nicht in Details und vor allem: Schimpfen Sie nicht über die Ungerechtigkeit des Lebens oder die Fehler Ihrer früheren Vorgesetzten. Lassen Sie Ihren Gesprächspartner nicht fühlen, dass «sowieso alles keinen Sinn hat», sondern zeigen Sie, dass Sie bereit und fähig sind, den Neubeginn in Angriff zu nehmen und Ihre ganze Energie in den Aufbau (bzw. Wiederaufbau) Ihrer beruflichen Zukunft zu investieren.

Anhang

Biga

Zuständig für Fragen des Arbeitsrechts, des Arbeitnehmerschutzes, der Ausbildung, der Arbeitslosenversicherung usw. sowie für die Herausgabe schweizerischer Salärstatistiken ist das

Bundesamt für Industrie, Gewerbe
und Arbeit, Biga
Bundesgasse 8
3003 Bern
Telefon 031/61 21 11

GAV/NAV

Die vom Bund und von den Kantonen allgemeinverbindlich erklärten Gesamtarbeitsverträge (GAV) und Normalarbeitsverträge (NAV) können gegen Einsendung eines adressierten und frankierten Kuverts bezogen werden bei der

Eidg. Drucksachen- und
Materialzentrale
EDMZ
3000 Bern

Leumundszeugnis

Das Leumundszeugnis muss auf der Gemeinde- oder Stadtverwaltung bestellt und auch dort bezahlt werden. Es kostet etwa Fr. 25.– (je nach Gemeinde) und wird nach der Bezahlung zur Bestätigung an die jeweilige Kantonspolizei gesandt. Diese wiederum schickt das Zeugnis dann direkt an die bestellende Person.

Auszug aus dem Zentralstrafregister

Zunächst muss bei der untenstehenden Adresse ein Formular bestellt werden. Dieses ist ausgefüllt mit einer Kopie des Reisepasses oder der Identitätskarte sowie einem Zahlungsbeleg über Fr. 15.– an das Registeramt zu retournieren. Erst dann wird der Auszug zugestellt.

Schweiz. Zentralpolizeibüro
Zentralstrafregister
Bundesrain 20
3003 Bern

Schalterstunden: 8.00–11.30 und
13.30–16.30 Uhr
Telefon 031/322 42 52

Kantonale Zentralstellen für Berufsberatung

Immer mehr öffentliche Berufsberatungen führen auch *Laufbahnberatungen für Erwachsene* durch. Die Beratung ist völlig kostenlos und hängt in der Länge bzw. Dauer von den Bedürfnissen des Ratsuchenden ab. Es sind also mehrere Sitzungen möglich, die Initiative kann oder muss von Ihnen ausgehen. Termine sind telefonisch zu vereinbaren.

Die kantonalen Zentralstellen geben Ihnen gerne lokale bzw. regionale Berufsberatungen bekannt. Den meisten Zentralstellen ist ein Berufsinformationszentrum (BIZ) angegliedert. Dieses ist den ganzen Tag geöffnet und bietet einen Lesesaal an. Dort liegt eine grosse Anzahl von Schriften (Berufsbilder, Weiterbildungskurse, Diplom-Gänge, innerbetriebliche Ausbildungsgänge, Schulen und deren Adressen, Bücher usw.) auf, welche in aller Ruhe studiert und kopiert werden können. Für Fragen steht ein Berater zur Verfügung.

AG Kant. Zentralstelle
für Berufsberatung
Vordere Vorstadt 13
5001 Aarau
Telefon 064/21 21 10

AI Kant. Berufsberatungsstelle
Kaustrasse 4a
9050 Appenzell
Telefon 071/87 93 61

AR Kant. Berufsberatungsstelle
Obstmarkt 3
9100 Herisau
Telefon 071/53 61 11

BE Kant. Zentralstelle für Berufs-
und Laufbahnberatung
Office cantonal d'orientation
professionnelle
Brunngasse 16
3011 Bern
Telefon 031/633 49 01

BL Amt für Berufsberatung
Oristalstrasse 10
4410 Liestal
Telefon 061/925 51 11

BS Kant. Amt für Berufsberatung
Rebgasse 14
4058 Basel
Telefon 061/267 86 82

FR Kant. Amt für Berufsberatung
Office cantonal d'orientation
scolaire et professionnelle
12, rue St-Pierre-Canisius
1700 Fribourg
Telefon 037/22 54 35

GE Office d'orientation et de
formation profesionnelle
6, rue Prévost-Martin
Case postale 226
1211 Genève
Telefon 022/705 01 11

GL Kant. Berufsberatungsstelle
Hauptstrasse 27
8750 Glarus
Telefon 058/63 61 11

GR Kant. Amt für Berufsbildung
Loestrasse 32
7001 Chur
Telefon 081/21 21 21

JU Office d'orientation scolaire
et professionnelle
chemin des Arquebusiers/
23, rue du Banné
2900 Porrentruy
Telefon 066/66 25 30

LU Kant. Zentralstelle
für Berufsberatung
Hirschmattstrasse 25
6003 Luzern
Telefon 041/24 51 11

NE Office régional d'orientation
scolaire et professionnelle
8, place des Halles
2000 Neuchâtel
Telefon 038/22 37 32

NW Zentralstelle für Berufsberatung
Nidwalden
6370 Stans
Telefon 041/63 74 40

OW Kant. Berufsberatungsstelle
Obwalden
Brünnigstrasse 178
6060 Sarnen
Telefon 041/66 93 44

SG Kant. Zentralstelle für
Berufsberatung
Burggraben 20
9000 St. Gallen
Telefon 071/21 38 76

SH Kant. Zentralstelle für
Berufsberatung
Herrenacker 9
Postfach
8201 Schaffhausen
Telefon 053/82 72 59

SO Kant. Zentralstelle für
Berufsberatung
Bielstrasse 102
4500 Solothurn
Telefon 065/21 28 90

SZ Kant. Zentralstelle für
Berufsberatung
Bahnhofstrasse 16
8808 Pfäffikon
Telefon 055/48 66 20

TG Kant. Berufsberatung
Zentralstelle
Freiestrasse 13
8500 Frauenfeld
Telefon 054/24 25 66

TI Ufficio cantonale di
orientamento scolasticoe
professionale
Stabile Torretta
Vl. Franscini
6501 Bellinzona
Telefon 092/24 40 80

UR Amt für Berufsbildung
Attinghauserstrasse 16
6460 Altdorf
Telefon 044/4 22 44

VD Office cantonal d'orientation
professionnelle
rue de la borde 3d
Case postale
1018 Lausanne
Telefon 021/316 34 81

VS Kant. Studien- und Berufsberatungsstelle Oberwallis
Kettelerstrasse 14
3900 Brig
Telefon 028/23 67 19

Office d'orientation professionnelle
23, avenue de France
1950 Sion
Telefon 027/60 45 00

ZG Kant. Zentralstelle für
Berufsberatung
Baarerstrasse 21
6300 Zug
Telefon 042/25 32 18

ZH Kant. Zentralstelle für
Berufsberatung
Scheuchzerstrasse 21
8090 Zürich
Telefon 01/259 23 89

Studien- und Berufsberatung
des Kantons Zürich
(Akademische Berufsberatung)
Hirschengraben 28
8001 Zürich
Telefon 01/261 50 20

Berufsberatung der
Stadt Zürich
Amtshaus Helvetiaplatz
Postfach
8026 Zürich
Telefon 01/246 62 11

FL Berufsberatungsstelle für das
Fürstentum Liechtenstein
Postplatz 2
FL-9494 Schaan
Telefon 075/236 61 11

Temporär- und Heimarbeit

**Schweiz. Verband der Unternehmungen für temporäre Arbeit
SVUTA**
Klausstrasse 43
8008 Zürich
Telefon 01/383 35 11

**Schweiz. Zentralstelle für
Heimarbeit SZH**
Schwarztorstrasse 7
3007 Bern
Telefon 031/322 28 30

Weiterbildung

Antwort auf Fragen zur Weiterbildung gibt die Broschüre «Berufliche Ausbildung für Erwachsene». Diese kann für Fr. 18.– (plus Versandkosten) bei der Versandbuchhandlung des Schweiz. Verbandes für Berufsberatung, Postfach 396, 8600 Dübendorf, Telefon 01/822 08 77 bezogen werden. Sie gibt Ihnen einen umfassenden Überblick über derzeit bestehende Ausbildungsmöglichkeiten in der deutschen Schweiz. Sie enthält über 200 verschiedene Ausbildungsgänge, die erwachsenen Berufsuchenden offenstehen.

Ausbildungen – gruppiert nach Berufsfeldern

**Berufe der Landwirtschaft und
Tierpflege**
Fachmann/-frau für naturnahen Garten-
und Landschaftsbau
Landwirtschaftl. Betriebshelfer/in
Tierpfleger/in
Zoofachberater/in

**Berufe in Gastgewerbe und
Hauswirtschaft**
Bäuerin
Haushaltlehrmeister/in
Haushaltleiter/in
Hauspfleger/in
Hauswirtschaftl. Betriebsassistent/in
Hauswirtschaftl. Betriebsleiter/in
SV-Betriebsassistent/in
SV-Betriebsleiter/in
Wirt/in

**Berufe der Mode, Bekleidung und
Körperpflege**
Coiffeur/Coiffeuse
Kosmetiker/in
Modeentwerfer/in
Puncher/in
Textildessinateur/in

Berufe im Bauwesen
Bauführer/in
Baugewerbliche Grundkurse
Baumaschinenführer/in
Bohrmeister/in
Hauswart/in
Innenarchitekt/in
Klärwärter/in
Wohnberater/in

Technische und industrielle Berufe
Betriebsfachmann/-frau
Feuerungsfachmann/-frau
Gabelstaplerfahrer/in
Heizöl-Tankrevisor/in
Ingenieur/in HTL
Konstrukteur/in
Korrektor/in
Luftfahrzeugmechaniker/in
Produktionsplaner/in
Qualitätsfachmann/-frau
Reifenfachmann/-frau
Sachbearbeiter/in Arbeitsstudien
Sachbearbeiter/in Druckindustrie
Schweissfachmann/-frau
Seilbahnfachmann/-frau
Techniker/in TS
Werkmeister/in

Berufe in Handel, Verkauf, Marketing, Werbung
Analytiker-Programmierer/in
Arztsekretär/in
Automobilverkäufer/in
Bankfachmann/-frau
Betriebsökonom/in HWV
Branchenspezialist/inn/en
EDV-Anwender/in, qualifizierte/r
EDV-Berufe
Einkäufer/in
Exportfachmann/-frau
Handelsreisende/r; Agent/in
Immobilien-Treuhänder/in
Importfachmann/-frau
Informatik-Fachmann/-frau
Kaufmann/-frau des Detailhandels
Kaufm. Angestellte/r
Konkordatslehrgang Kranken-
versicherung
Marketingplaner/in
Maschinenschreiblehrer/in
Organisator/in
Personalassistent/in
Public Relations-Assistent/in
Speditionsfachmann/-frau
Techn. Kaufmann/-frau
Textilkaufmann/-frau; Textildisponent/in
Verkaufskoordinator/in
Versicherungsfachmann/-frau
Versicherungsinspektor/in

Werbeassistent/in
Wohnberater/in
Zolldeklarant/in

Verkehrsberufe
Assistent/in der Flugverkehrsleitung
Assistenz-Teleoperateur/-operatrice
Berufspilot/in; Privatpilot/in
Buschauffeur/-chauffeuse
Fahrlehrer/in
Flight Attendant
Flugberater/in
Flugdienstberater/in
Flugverkehrsleiter/in
Helikopterpilot/in
Host/ess
Hotel- und Touristik
Kondukteur/in
Linienpilot/in
Lokomotivführer/in
Mitarbeiterin Postschalter
Passagierdienstangestellte/r
PTT-Berufe
Rail-Steward/ess
Reisebüroangestellte/r
Reisefachmann/-frau IATA
Reiseleiter/in
SBB-Bahnbetriebsdisponent/in
SBB-Berufe
Schiffsfunker/in
Seeschiffahrtsberufe
Taxifahrer/in
Teleoperateur/-operatrice
Touristik (s. Hotel und)
Tourismus-Experte/Expertin
Visiteur/in
Wagenführer/in
Zugassistent/in

Berufe der Sicherheit und Kontrolle
Berufsfeuerwehrmann/-frau
Edelmetallprüfer/in
Festungswächter
Flughafensicherheitspolizist
Gefängnisaufseher/in
Grenzpolizeibeamter/-beamtin
Grenzwachtbeamter/-beamtin
Instruktionsoffizier
Instruktionsunteroffizier
Kriminalbeamtin

Polizeibeamter/-beamtin
Polizeihostess
Privatdetektiv/in
Schweizergardist
Wächter/in
Zollbeamter/-beamtin

**Berufe der Kranken- und
Gesundheitspflege**
Aktivierungstherapeut/in
Alters- und Seniorenkursleiter/in
Arztgehilfin/-gehilfe
Atempädagogin/-pädagoge
Berufsretter
Betagtenbetreuer/in
Betriebssanitäter/in
Dentalhygieniker/in
Ergotherapeut/in
Ernährungsberater/in
Gesundheitsberater/in
Grundpflegekurs (Rotkreuz-
    Pflegehelfer/in)
Hebamme
Heilpraktiker/in
Hörgeräteakustiker/in
Kinderpfleger/in
Krankenpfleger/in FA SRK
Krankenpfleger/in Diakonie
Krankenschwester/-pfleger AKP
Krankenschwester/-pfleger IKP
Logopäde/Logopädin
Masseur/in
Med. Laborant/in
Med.-techn. Radiologieassistent/in
Pharmaberater/in; Ärztebesucher/in
Physiotherapeut/in
Podologe/Podologin
Rettungssanitäter/in IVR
Saunaleiter/in
Schwester/Pfleger für Kinder-
    krankenpflege, Wochen- und
    Säuglingspflege KWS
Schwester/Pfleger für psychiatrische
    Krankenpflege
Spitalgehilfin/-gehilfe
Techn. Operationsassistent/in
Zahnarztgehilfin

Berufe des Sportes
Behindertensportleiter/in
Bergführer/in

Gymnastiklehrer/in
Rhythmiklehrer/in
Schweiz. Ski-Instruktor/in
Schwimminstruktor/in
Schwimmleiter/in
Sportlehrer/in
Tennislehrer/in

Pädagogische Berufe
Anthroposophische Pädagogik
Betriebsausbildner/in; Betriebl.
    Ausbildungsleiter/in
Child-Drama-Leiter/in
Handarbeitslehrer/in
Kindergärtner/in
Lehrer/in für Geistigbehinderte
Spielgruppenleiter/in

**Berufe der Sozialarbeit,
Betreuung, Seelsorge**
Altersarbeit
Animator/in
Berufsberater/in
Betriebspsychologe/-psychologin
Child-Drama-Leiter/in
Diakon/in
Erwachsenen- und Elternkursleiter/in
Entwicklungshelfer/in
Erwachsenenbildner/in
Erzieher/in
Erzieher/in bei geistig Behinderten
Gehörlosendolmetscher/in
Gemeindehelfer/in
Gestaltende Therapie
Gruppenleiter/in für Behinderte
Heimleiter/in
Hortner/in
Jugendarbeiter/in
Katastrophenhelfer/in
Katechet/in
Kinderheimgehilfe/-gehilfin
Kleinkindererzieher/in
Krippenleiter/in
Psychologe/Psychologin
Sakristan/in
Schwerhörigenlehrer/in
Sigrist/in
Sozialarbeiter/in
Sozialbegleiter/in
Sozialhelfer/in, freiwillige/r
Sozialpädagoge/-pädagogin

Sozialtherapeut/in
Spielgruppenleiter/in

**Berufe der Publizistik und
öffentlichen Information**
Bibliothekar/in
Dokumentalist/in
Fernseh- und Radioberufe
Journalist/in
Regisseur/in
Übersetzer/in

**Berufe in den Bereichen Kunsthand-
werk, Musik, Theater**
Anthroposophische Kunstausbildungen
Eurythmielehrer/in
Freischaffende Künstler/innen
Industrial Designer

Jazzmusiker/in
Kirchenmusiker/in
Lehrer/in für musikalische Früherziehung
und Grundschule
Maltherapeut/in
Musiker/in; Musiklehrer/in
Musiktherapeut/in
Organist/in
Restaurator/in
Rhythmiklehrer/in
Schauspieler/in
Schmuck- und Gerätegestalter/in
Tanzlehrer/in
Theater/Artistik/Pantomime/Tanz
Theaterpädagoge/-pädagogin
Visuelle/r Gestalter/in
Werklehrer/in

Auskünfte über Schulen für Weiterbildungskurse (kurze fachspezifische Kurse oder Seminare ohne Diplom) erhalten Sie bei den entsprechenden Berufsverbänden. Inserate in der Tagespresse, spezielle Schulungs-Beilagen in Zeitschriften oder das Telefonbuch geben ebenfalls Informationen her.

Kontaktadressen für Wiedereinsteigerinnen

BE Verein «Frau – Arbeit –
Wiedereinstieg»
Neuengasse 21
3011 Bern
Telefon 031/311 41 82

Informatikkurse mit
Suggestopädie
(ganzheitlich lernen)
Annemarie Schlegel-Wymann
Ringstrasse 7
3066 Stettlen
Telefon 031/931 06 66

BS Femmedia
Mühlenberg 12
4052 Basel
Telefon 061/272 03 23

Frauenzentrale Basel
Marktgasse 4
4051 Basel
Telefon 061/261 35 70

FR Bildungsinstitut für die Frau BIF
Roswitha Nemeshazy
Kleinschönbergstrasse 11
1700 Fribourg
Telefon 037/28 29 06

GR Frauenzentrale Graubünden
Postfach
7001 Chur
Telefon 081/22 81 22

LU Bildungsseminar für Erwachsene
Bergstrasse 11
6004 Luzern
Telefon 041/36 64 36

SG BALance
Multergasse 16
9000 St. Gallen
Telefon 071/23 15 31

Frauenzentrale des Kantons
St. Gallen
Bleicherstrasse 11
9000 St. Gallen
Telefon 071/22 22 33

ZH BALance
Militärstrasse 89a
8004 Zürich
Telefon 01/291 23 31

Im übrigen können weitere, regionale Wiedereinstiegskurse über die entsprechenden kantonalen Arbeitsämter und Berufsberatungen ausfindig gemacht werden.

Kontakt- und Beratungsstellen für Arbeitslose

Weitere Stellen können nennen: Sozialdienste der Kantone, Arbeitsamt, Gewerkschaften.

BE Sozial- und Beratungsdienst der
katholischen Gesamtkirchgemeinde
Victor Bührer
Murtenstrasse 48
2502 Biel
Telefon 032/22 30 64

Beratungsstelle Arbeitslosigkeit
Arbeitsamt der Stadt Bern
Spitalgasse 34
3011 Bern
Telefon 031/321 77 12
und 321 76 23

BS Oekumenische Genossenschaft
Arbeitslosenhilfe (OeGA)
Nonnenweg 36
4055 Basel
Telefon 061/261 14 15

SAH – Schweizerisches
Arbeiterhilfswerk
Heumattstrasse 12
(beim Bahnhof SBB)
4051 Basel
Telefon 061/272 21 01

Treffpunkt für Stellenlose «Gundeli»
Winkelriedplatz 6
4053 Basel
Telefon 061/55 67 24

GE/Eglise nationale protestante
FR/Route des Acacies 5
JU/ 1227 Genève
NE/mit lokalen Beratungsstellen in
2350 Nyon
2740 Moutier

2710 Tavannes
2800 Delémont
Telefon 066/66 25 30
1701 Fribourg
2000 Neuchâtel
2301 La Chaux-de-Fonds
1401 Yverdon
1002 Lausanne
1211 Genève

ZH Kirchliche Dienststelle für
Arbeitslose
Badenerstrasse 41
8004 Zürich
Telefon 01/241 60 40

Impuls
Treffpunkt für Arbeitslose
Hohlstrasse 86a
Postfach
8026 Zürich
Telefon 01/242 79 34
(Di, Do, Fr 9–12 Uhr)

Kirchliche Projektstelle
für Arbeitslose
Sekretariat
Zeltweg 21
8032 Zürich
Telefon 01/258 91 11

Infra-Informationsstelle für Frauen
Zentralstrasse 39
8610 Uster
Telefon 01/941 02 03
(Di ganzer Tag, auf Voranmeldung)

Rechtsanwälte

Die Adressen von Anwälten können folgende Stellen nennen:

Der Schweizerische Beobachter
Beratungsdienst
Edenstrasse 20
8021 Zürich
Hotline Arbeitsrecht 157 50 70 1
(Fr. 2.–/Min)

Kantonale Anwaltsverbände
Die Adressen der Präsidenten und Sekretariate können erfragt werden bei:
Schweizerischer Anwaltsverband
Lavaterstrasse 83
8027 Zürich
Telefon 01/202 56 50

**Demokratische Juristinnen
und Juristen der Schweiz
(DJS)**
Rue de Lausanne 18
1700 Fribourg
Telefon 037/23 13 66

Gerichte
Oft sind die lokalen Gerichte bereit,
spezialisierte Anwälte zu vermitteln.

Stellenvermittlung für ältere Mitarbeiter

Unterstützung bei Stellensuche in fortgeschrittenem Alter leistet:

**Pro Fünfzig Plus Selbsthilfe-
genossenschaft**
Ankerstrasse 3
Postfach
8036 Zürich
Telefon 01/241 71 61

Senexpert
Forchstrasse 145
8032 Zürich
Telefon 01/381 30 58

Senioren-Service
Frau C. Herzli
Wehntalerstrasse 11
8165 Oberweningen

Literaturhinweise

Lehrlinge
C. Castoni/J. Fischer/H.-P. Gächter
Lehrling, Du hast auch Rechte
Schweizerischer Gewerkschaftsbund,
Bern

Deutschschweiz. Berufsbildungsämter
Konferenz
Vom Schüler zum Lehrling –
was muss ich wissen
Gratis erhältlich bei den Berufsbildungs-
ämtern und Berufsberatungsstellen

K. Häfeli/E. Frischknecht/F. Stoll
Schweizer Lehrlinge zwischen
Ausbildung und Produktion
Cosmos Verlag, Muri b. Bern

Das Lehrlingsbuch
Ein Ratgeber aus der Beobachter-Praxis
Beobachter-Buchverlag, Zürich
Telefon 01/207 89 81

Berufswahl

F. Böhny
Berufswahlbuch
Berufe und Studien für die Jugend
Verlag Sauerländer, Aarau

R. Schmid
Wegweiser zur Berufswahl
Schweizer Verband für Berufsberatung,
Dübendorf

R. Zihlmann
Das aktuelle Berufswahlbuch mit
Berufekatalog 94/96
Verlag Sauerländer, Aarau

Stellenwechsel / Arbeitslosigkeit

Michel Cornut
Arbeitslos – was nun?
Ein Ratgeber für Arbeitslose und solche,
die es nicht werden wollen
Limmat Verlag, Zürich

Merkblatt zur schriftlichen Bewerbung
Beobachter-Buchverlag, Zürich
Telefon 01/207 89 81

Weiterbildung / Planung

Lehrabschlussprüfung für Erwachsene
Art. 41.
Hrsg. von der Zentralstelle für Berufs-
beratung des Kantons Zürich
Scheuchzerstrasse 21
8090 Zürich

R. Schmid/B. Kägi
– Beruflich weiterkommen
– Wie Familienfrauen weiterkommen
– Weiterkommen in Arbeit und Beruf
Schweiz. Verband für Berufsberatung,
Dübendorf

R. Zihlmann
Das aktuelle Weiterbildungsbuch mit
Weiterbildungskatalog 94/96
Verlag Sauerländer, Aarau

Frau im Beruf

E. Dörpinghaus
Meine Kinder und mein Chef,
Mütter im Beruf
Kreuz-Verlag, Stuttgart

S. Sarr
Wenn Mütter arbeiten. Wie Kinder und
Beruf sich verbinden lassen
Beck-Verlag, Köln

Zeitschrift für Wiedereinsteigerinnen:
Besinnung Neubeginn
Hrsg. Verlag B. Ohrring
c/o Verein Drehschiibe
Uetlibergstrasse 266, Zürich

Frau und Beruf
Eine Heftreihe zum Themenkreis
«Arbeit – Beruf – Familie»
Hrsg. vom Schweizerischen Verband
für Berufsberatung, Dübendorf
(in deutsch, französisch und
italienisch erhältlich)

1. Zwischenhalt – eine persönliche und
   berufliche Standortbestimmung
2. Entscheiden und Umsetzen
3. Sich beruflich verändern
4. Auf Stellensuche
5. Zurück ins Berufsleben
6. Mein Arbeitsplatz unter der Lupe
7. Es ist nie zu spät für eine
   Ausbildung
8. Auf eigene Rechnung
9. Mut zur Karriere
10. Älter werden im Beruf
11. Ein Beruf – viele Wege für Kauf-
    frauen
12. Freiwillige Arbeit – unbezahlbar
13. Als berufstätige Ausländerin in der
    Schweiz

Selbständig werden

D. Assig
Mut gehört dazu
Ratschläge für die Selbständigkeit
Rowohlt-Verlag, Reinbek

H. Dittrich
– Wege und Tips zur Existenzgründung
  (Sich selbständig machen)
  Humbolt 498
– Existenzgründung mit Erfolg.
  Handbuch für den Einstieg in die
  Selbständigkeit
  W. Englisch

E. Forster
Erfolgreiche Existenzgründung.
Der richtige Weg in die berufliche
Selbständigkeit.
Econ Verlag, Düsseldorf

Recht
Arbeitsrecht
Ein Ratgeber aus der Beobachter-Praxis
Beobachter-Buchverlag, Zürich
Telefon 01/207 89 81

Merkblatt über den Schutz der
Arbeitnehmerin bei Mutterschaft
Bundesamt für Industrie, Gewerbe und
Arbeit, Bern

Merkblatt über den Schutz des
Arbeitsverhältnisses bei Militärdienst
und Zivilschutzdienst
Bundesamt für Industrie, Gewerbe und
Arbeit, Bern

Merkblatt zum Thema Kündigungsschutz
Beobachter-Buchverlag, Zürich
Telefon 01/207 89 81

R. Schuhmacher/H.-U. Stauffer/H. Thür
Meine Rechte am Arbeitsplatz
Unionsverlag, Zürich

Dr. iur. U. Streiff
Leitfaden zum Arbeitsvertragsrecht
Verlag Organisator AG, Zürich

Verschiedenes
G. Haller
Frauen und Männer
Zytglogge-Verlag, Gümlingen

Teilzeitarbeit
Merkblatt für Arbeitnehmer und
Arbeitgeber
Bundesamt für Industrie, Gewerbe und
Arbeit, Bern

Vademecum der temporären Arbeit
Hrsg. vom Schweiz. Verband der
Unternehmungen für temporäre Arbeit
SVUTA, Zürich

Register

Lassen Sie sich nicht verunsichern!

Kasko, Teilkasko, Insassenversicherung, Privathaftpflicht, Lebens-, Risiko- und «Heftli»-Versicherungen, Krankenkasse, 2. Säule, Hausrat- und Rechtsschutzversicherungsformen, AHV.IV, Arbeitslosenversicherung usw. Wer kennt sich da noch aus?

Versicherungen sind sinnvoll – das ist sicher unbestritten. Wie und wann welches Risiko versichert sein muss oder versichert sein sollte, darüber scheiden sich die Geister.

Dieser Beobachter-Ratgeber erläutert die verschiedenen Versicherungsarten und gibt Hinweise und Ratschläge, welche Versicherungen für wen sinnvoll und notwendig sind.

296 Seiten

„DER BEOBACHTER IST KÄUFLICH."

Aber nur am Kiosk.
Oder im Abo:
Telefon 155 52 52.

der schweizerische
Beobachter
Gut, gibt es den Beobachter.